让孩子顺势成长

潘恭华 / 主编

新疆文化出版社

图书在版编目（CIP）数据

让孩子顺势成长 / 潘恭华主编. -- 乌鲁木齐：新
疆文化出版社, 2025. 5. -- ISBN 978-7-5694-4935-8

Ⅰ. G78

中国国家版本馆CIP数据核字第2025DJ6598号

让孩子顺势成长

主　编／潘恭华

策　　划　张　翼		责任印制　铁　宇	
责任编辑　张　翼		封面设计　天下书装	
版式设计　李文琦			

出版发行　新疆文化出版社有限责任公司

地　　址　乌鲁木齐市沙依巴克区克拉玛依西街1100号（邮编：830091）

印　　刷　三河市嵩川印刷有限公司

开　　本　710 mm×1000 mm　1/16

印　　张　8

字　　数　100千字

版　　次　2025年5月第1版

印　　次　2025年5月第1次印刷

书　　号　ISBN 978-7-5694-4935-8

定　　价　59.00元

前言

PREFACE

在这个世界上，每个孩子都是与众不同的独立个体，本就该遵循生命的天性和成长的规律，让其顺势成长。身为父母的我们，应放低姿态，放平心态，保持初为人父、人母时的"初心"，让孩子健康平安、快乐无忧地长大成人。

对父母而言，让孩子顺其自然地长大，说起来容易做起来却有点困难。由于各种担忧和不放心，家长总不能放下成人的思维模式，要么认为孩子在浪费时间，要么觉得他们无理取闹。如果你正面临这样的困境，或有同样的烦恼，不妨读一读《让孩子顺势成长》这本书，或许能给你一些启发。

十年树木，百年树人。无论是小树还是孩子，都有着自己的生长节奏，家长只需从容、淡定地站在他们的身后，放慢自己的脚步，跟随他们一起欣赏沿途的美景。希望每一位家长都能通过本书看到自己身上隐藏的问题，挖掘出孩子身上闪闪发光的优点。愿每一个家庭的孩子，都能按照自己的成长步伐，慢慢地长成独当一面的参天大树，也祝愿每一位家长在陪伴孩子的道路上遇见更好的自己。

CONTENTS

目 录

第一章 / 慢一点儿，让孩子顺势成长 / 001

　　1. 慢养，让孩子从容长大 / 002

　　2. 不催促，做有耐心的父母 / 004

　　3. 不嘲笑，尊重孩子的梦想 / 007

　　4. 不发火，有事慢慢地说 / 010

　　5. 不挑剔，多给孩子关爱与欣赏 / 012

　　6. 耳濡目染的影响，是父母给孩子最好的教育 / 015

　　7. 不急着说出结果，让孩子自己发现 / 017

　　8. 牵一只蜗牛去旅行 / 020

第二章 抓住成长敏感期，做事半功倍的智慧父母 / 023

　　1. 零岁，语言敏感期 / 024

　　2. 一岁，感官敏感期 / 026

　　3. 一岁半，细节观察敏感期 / 029

　　4. 两岁，秩序规则敏感期 / 031

5. 两岁半，人际关系敏感期 / 033

6. 四岁，阅读敏感期 / 036

7. 六岁，文化敏感期 / 039

8. 掌握孩子性格形成的关键期 / 041

第三章　散养下的处世哲学与习惯养成 / 044

1. 孩子的时间让孩子自己安排 / 045

2. 求同存异，做事商量着来 / 047

3. 每个孩子都有独一无二的优势 / 050

4. 如果孩子不想原谅他的朋友 / 052

5. 以身作则，家长说话要算数 / 054

6. 快乐与悲伤，都是正常的情绪表达 / 057

7. 鼓励孩子走出去，用自己的方式联通社会 / 059

8. 一个人与很多人 / 062

第四章　再见100分，不让学习成为负担 / 065

1. 学习是件有趣的事情 / 066

2. 成绩不等于个人成就 / 068

3. 会玩的孩子更会学 / 070

4. 丢掉死记硬背，提高记忆能力 / 073

5. 更好的成绩是超越自己 / 075

6. 不限制读书范围，给孩子阅读的自由 / 078

第五章　好的陪伴，是与孩子一起成长 / 081

1. 相信孩子才是更好的爱 / 082

2. 有效沟通，成为孩子的倾听者 / 084

3. 行万里路，感受大自然的美好 / 087

4. 一起读书，低成本高回报的陪伴方法 / 090

5. 向孩子承认错误，你能做到吗 / 092

6. 及时补位，不做缺失的父亲 / 095

7. 二胎家庭的"喜乐哀愁" / 097

第六章　给孩子自由，让他享受放养的快乐 / 101

1. 支持与鼓励，成长路上的必胜法宝 / 102

2. 在安全的前提下，自己去试试 / 104

3. 不做强势的父母，给孩子充分自由 / 107

4. 让孩子坚持自己的想法 / 109

5. 分房睡，给孩子独立的空间 / 113

6. 未雨绸缪胜过事事紧盯 / 115

7. 压岁钱自己管 / 118

第一章

慢一点儿，让孩子顺势成长

养育孩子就像一场马拉松比赛，起跑时跑在第一位，并不意味着终点冲刺时也是第一位。相反，慢一点儿，在奔跑的过程中不断修炼、坚持到底、永不言弃的人，才是人生的最终赢家。

1.慢养，让孩子从容长大

随着社会的快速发展，科技的飞速进步，每一个人都在茫茫人海中加快向前的脚步，仿佛稍微慢一点儿，就会被遗忘在时代的角落里。当大人们匆匆忙忙地前行时，孩子成长的脚步也在不知不觉中加速了。原本应该肆意奔跑的年纪却端坐在早教班里听课，原本喜欢挖泥巴的双手却不情愿地捧着书本。

当然，父母的忧虑也是来自于竞争激烈的现代社会：如果孩子慢一点儿，长大后怎么争得过别人呢？会不会一步慢、步步慢呢？

其实，这种忧虑是多余的。孩子的身体、智力、性格、品德不可能是快速形成的，需要一个慢慢成长、慢慢培养、逐渐磨砺的过程。

可能很多家长会说，我认同"慢养"的理念，但怎样做才算是"慢养"呢？

第一，顺应孩子身心发展的规律，不急于求成。

心理学家格赛尔曾做过一个著名实验：让一对同卵双胞胎进行爬楼梯训练，其中一个宝宝从其出生后的第 48 周开始每天进行十分钟的爬楼梯练习，另一个宝宝则从其出生后的第52周开始进行同样的练习。结果，第48周开始训练的宝宝用了6周时间学会爬楼梯，而第52周开始训练的宝宝只用两周就学会了爬楼梯。

　　这个实验表明，孩子需要到了一定年龄去学习相应的能力，提前学习的效果可能并不好，也不一定能达到预期的效果。所以，家长们不要着急，要根据孩子的身心发展规律来培养孩子。

　　第二，学会等待，孩子自己会破茧而出。

　　有这样一个小故事，小男孩在野外捡到了一个蛹，就把它

带回家养着。几天后，男孩发现蛹上裂开一道缝隙，一只小蝴蝶在里面苦苦挣扎了好久却出不来，男孩出于好心，便将那道裂缝撕得更大一些，可爬出来的小蝴蝶翅膀干瘪无力，根本无法飞起来，结果没几分钟就死掉了。

这个故事中小男孩急迫的心情，可能跟很多家长在教育孩子时急迫的心情是一样的。我们想让孩子快一点儿成长，结果却帮了倒忙。不如坐在一旁，静观其变，给孩子多一些空间和时间，让他们慢慢绘制自己的人生蓝图。

慢养，能让孩子从内到外都是最真实的自己，也能让孩子稳扎稳打地走好每一步，更能让孩子从丰富的实践中获取源源不断的力量，来应对人生中各种各样的难题。

2. 不催促，做有耐心的父母

经常会有父母抱怨：孩子越长大就越磨蹭，早上赖床，怎么叫都不起；吃个简单的早餐要吃很久，一点儿也不着急；半个小时能完成的作业却花了两个小时；晚上睡觉时间到了，说了半天也不睡……

这是大多数父母的无奈，也是心头痛，为了应对把磨蹭当成家常便饭的小朋友们，很多父母选择了不停地催促，然而收效甚微，甚至让很多孩子磨蹭、拖沓的毛病变本加厉。

对于孩子而言，天性就是无忧无虑地玩耍，对于"玩"以外的事情，他们内心深处是不以为然的，甚至存在着一定的抵触心理。身为父母，怎样做才能在顺应天性的前提下将孩子领上人生的航程呢？

第一，站在孩子的角度理解他们，让自己更加淡定。

早在两千多年前，孔子就说过"己所不欲，勿施于人"，这句话同样适用在亲子教育上。试想，当我们还是孩子的时候，是不是也很磨蹭，也不愿意学习；当我们周末休息的时候，是不是也想赖床；当我们工作遇到难题的时候，是不是也想甩手不干了？如果是这样，那么孩子只是童年阶段的我们而已，理解他的行为，等待他慢慢长大，绝大多数问题都会迎刃而解。

其实，更多时候，如果换位思考，从孩子的角度出发，你会发现，孩子其实可以更出色地完成各项任务，只要他们是愿意的。当我们在与孩子沟通时，将"嘿，你快点儿收拾好玩具"换成"宝贝，妈妈陪你一起，我们一起来收拾玩具吧"。这个时候你会发现，孩子会乐于做这件事，并且会加快速度。因此，我们需要做的就是从容淡定，理性思考，从孩子的角度来理解他们，跟他们沟通。

第二，给予孩子更多的体验时间，去提升学习、生活效率。

牛牛是个一年级的小学生，他每天早上七点准时起床，晚上九点准时上床睡觉，很多人都以为这是妈妈给他制定的作息时间。然而，询问过后才知道，这是牛牛自己形成的生物钟。他的妈妈说，我每天只给他准备饭菜，其他事情都由他自己规划。牛牛每天放学回家，第一件事不是写作业，而是出门去骑心爱的小车子。然后回来写作业、吃饭、看书、睡觉，妈妈从来不打乱他的节奏，让他按照自己的计划做事。

其实，孩子完全可以按照自己的习惯来规划生活和学习，那么家长又何必纠结孩子几点写作业或几点出去玩呢？作为父母，不如将催促改为观望或者陪伴，只给孩子安排"框架式"

的计划，如告诉孩子几点吃晚饭，几点应该上床睡觉，剩下的细节由他自己填充，只有这样，孩子才能在痛快的玩耍中，同时高效地完成各项任务。

任何外来事物对于孩子而言，都需要一定的时间和精力去消化和吸收，尤其是他们并不在行的事情，一味地催促只能让孩子更加厌恶，产生逆反心理。

不催促，让孩子自己规划时间，站在孩子的角度考虑问题，及时给予鼓励，给出正确的反馈，让大家能够在漫长的时光岁月里，享受彼此之间短暂的相处，让孩子的生活多一些美好和愉悦。

3. 不嘲笑，尊重孩子的梦想

每个小朋友的梦想都不同。有人想成为科学家，也有人想做保持环境卫生的清洁工。成为科学家往往被家长们引以为傲，认为自己的孩子很有出息，志向远大；成为清洁工则会被指责嘲笑，甚至说孩子没有出息。事实上，这些稚嫩而天真的想法只是孩子们内心最真实的想法而已，有的梦想确实很伟大，有的则朴实无华，但在孩子的世界里，只要有梦想，就值得被鼓励和尊重。

第一，仔细倾听孩子的每一句话，认真对待。

从儿童心理学角度出发，梦想是孩子自我形象的理想化。鼓励孩子追梦，他就会产生强劲的内驱力，面对各种困难也会主动想办法去克服。

孩子在小的时候，对于父母的依赖非常强烈，会主动同父母分享自己的想法，你是不是也有同感？身边的小娃娃每天总是叽叽喳喳说个不停？这个时候，身为父母的我们只要认真倾听，积极回应就够了。对于孩子而言，梦想是没有好坏之分的，也没有对与错。

爱迪生从小就很热爱科学，有一次他看到母鸡孵蛋，就好

奇地问妈妈,为什么母鸡要趴在鸡蛋上面。妈妈耐心地把原因告诉他,有梦想的爱迪生可不只想知道原因,他更想亲自试一试。于是他从家里拿出几个鸡蛋,找到一个僻静的地方孵蛋。到了晚上,家里人都不见他回来,便焦急地四处寻找。结果在角落里找到了正在一动不动孵蛋的爱迪生,妈妈破涕为笑,不仅没有责骂他为何不准时回家,还认真地开始跟他讲解孵蛋的要领。

一个简单的想法,或者一句看似玩笑的话语,往往是孩子梦想的开始。我们只要安安静静地倾听他们真实的想法,让孩子有更多的勇气,成为那个敢于追梦的人。

第二,尽最大努力,让孩子接触与梦想相关的事。

巴西作家保罗·柯艾略的《牧羊少年奇幻之旅》中有一句话:"一路上我都会发现从未想象过的东西,如果当初我没有勇气去尝试看起来几乎不可能的事,如今我就还只是个牧羊人而已。"

事实上,孩子一旦提出自己的梦想,或者显示出某方面的特性,这就说明孩子对这些东西有着浓厚的兴趣,这便是一个好的开始。即便这些梦想不在自己的规划范畴之内,或者有些与众不同,作为家长的我们,也应该创造更多的机会,让孩子去多多接触,多多参与。或许在未来的某一天,你就会发现孩子真的可以通过自己的努力，在他梦想的领域里独树一帜。

身为父母，我们能做的和必须做的就是小心翼翼地去呵护孩子的梦想，让他们成为梦想中的自己，让他们对梦想坚信不疑，让孩子能从我们这里获得勇气、信心和力量。

4. 不发火，有事慢慢地说

曾经有一位老师组织家长会，讨论孩子写作业慢的问题，家长的反应都很激烈。有的家长说，我知道不能发火，但看到小孩那个拖延的样子，我就忍不住；有的家长说，教了很多遍还是不会，我实在忍不住了；还有的家长说每次发了脾气就很后悔，但事到临头仍旧忍不住。由此可见，做一个不发脾气的家长确实是一件很难的事情。

但让我们来转换一个角度，当你发火大声责骂后，孩子是否改掉了拖延的习惯？孩子很快就学会了吗？如果答案是否定的，那我们的发火岂不是毫无价值！其实，大家都知道愤怒解决不了任何问题，愤怒只会让我们与孩子渐行渐远。甚至，有些脱口而出的伤人的话，会像一把尖刀，在孩子的心灵上刻下无法抹去的伤痕。

第一，以爱之名，不发火。

《超级演说家》里提过这样一句话："你满嘴是爱，却面目狰狞。"是啊，我们明明那么爱孩子，那么希望他过得快乐、幸福，可为何控制不了自己的负面情绪，非要把爱的语言说得面目狰狞呢？

为了避免让孩子成为受害者，当孩子犯错的时候，我们首先要做的就是调整自己，数个数、深呼吸或者喝杯水，先处理自己的情绪，就事论事，少拿自己的孩子与他人比较，少一些数落，少翻旧账，用"我看到、我希望、我感觉"来开始彼此之间的对话，把我们的火气扑灭在萌芽状态。

第二，保持童心，让游戏成为放松情绪的智慧之匙。

我身边有一位非常明智的爸爸，他每天上班都很忙，家中大小事务全都依靠妻子。有一天他的妻子跟他抱怨："儿子每天放学回来换鞋的时候都不摆好，说了无数次都不管用，今天我实在是忍不住了，把儿子吼了一顿。"听完妻子的抱怨后，爸爸就对妻子说："好了，你别生气了，这件事情交给我来处理。"第二天，他找到儿子，轻声细语地对儿子说："儿子，爸爸经常回家很晚，看不到你，不知道你现在的状况，我们能不能做个约定，如果你回家后，把鞋子摆得整整齐齐的，爸爸就收到你发出的信号了，就知道你今天的表现很棒！"儿子高兴地答应了，从那以后，他的鞋子一直摆放得很整齐。

与孩子的沟通，最好的方式就是让自己保持一颗童心，用孩子的方式来思考，用做游戏的方式来沟通，这样不仅能够让孩子更好地遵守规则，也能让自己的情绪得到更好的放松，让他们慢慢地建立起良性循环，慢慢地成长。

5. 不挑剔，多给孩子关爱与欣赏

很多家长在孩子还未出生时，就规划好各种教育方案，期望自己的孩子成为一名优秀的人。然而，伴随着孩子第一声啼哭，一个崭新的生命就此降临，这也意味着父母要去面临各种挑战，解决各种问题。

孩子的成长并非一帆风顺，突如其来的"惊"和"喜"见证了孩子的成长，他们就如同一棵小树苗，在长成参天大树之前需要深埋根基，表面上看不出任何变化，但却要逐渐经得起风吹雨打。作为家长，如何做才能让孩子按照规律一步步地向上生长，活出精彩人生呢？

第一，多一些关心，少一些偏见。

孩子成长最需要的是关爱，仅仅一杯清水，就能让不起眼甚至是濒临枯萎的生命之树枝繁叶茂。摒弃偏见，给孩子多一点儿关心，就能让孩子们在成长的过程中不受边界限制，在自由的土壤里开启天才般的人生。

第二，不"小题大做"，少一些挑剔，多一些欣赏。

牛牛妈妈在谈及自己孩子的时候，多少会表现出过于担忧的状态。如抱怨孩子都8岁了还不会整理玩具；已经上二年级了，还不能独立完成作业。出于好奇，我们了解了一下牛牛的现状。据观察，这位小朋友的书房虽然有很多东西，但是分类很合理；写作业虽然很慢，但是字迹却很工整。

问题到底出现在哪儿？这就是家长们经常犯的错误——小题大做。也就是说，过高的要求导致过度的焦虑，家长自己杞人忧天了。孩子对于物品的归类很清晰，学习很上心，这都是值得肯定的。也许有些事情对于他们来说，的确受能力发展所限，但从现阶段来看，已经做得很好了。作为家长，就需要用欣赏的眼光加以肯定，并帮助他们慢慢做得更好。

人生没有真正意义上的起跑线，孩子的成长也没有四四方方的边界，少一些偏见，少一些限制，多些关爱与欣赏，让孩子在不同的领域开拓广度，挖掘深度，他们的未来才有无限的可能。

6.耳濡目染的影响，是父母给孩子最好的教育

父母是孩子的第一任老师，无论是生活习惯，还是道德品质。孩子刚刚出生时就是一张白纸，将来成为什么样的人，一方面受基因影响，另一方面，还在于父母的教育和培养。

著名的教育家苏霍姆林斯基曾经说："每一个瞬间，你看到孩子，也就看到了自己，你教育孩子，也就是教育自己，并检验自己的人格。"

孩子早期的学习就是模仿，无论是好的还是坏的，他们都全盘吸收。作为家长，一定要注意自己的言行举止。

第一，自我约束，给自己一个特定的时间，集中精力干一件事。

想让自己的孩子具备坚持不懈的品格，你首先要约束你自己。"言传"不可少，"身教"更重要，给孩子讲道理的时候振振有词，自身表现却不能令人满意，这并不是孩子需要的，耳濡目染的教育才是最好的家庭教育。想要拥有一个修养好、学识广的孩子，就先让自己成为一个修养好、有学识的人吧。

第二，优化自己的时间，培养一份终身受用的兴趣爱好。

唐宋八大家中有一个特殊家族，一门三学士：苏洵、苏轼、苏辙，世称"三苏"。父子三人最大的兴趣爱好就是读书。作为父亲的苏洵，27岁才开始发奋读书，并收藏了大量的图书，每次都利用孩子们玩耍的时间，抓紧时间读书。日复一日，两个孩子照着父亲的样子，也对读书产生了兴趣，并大量翻阅父亲的藏书。三个人还经常一起探讨书中的奥秘，最后，父子三人一同考试，皆名列前茅，成为世人称赞的大文豪。

家庭教育不是天天"河东狮吼"，更不是时刻耳提面命，父母就是孩子的一面镜子，如果孩子目睹了父母如何合理利用

时间，他们就会慢慢形成对时间的概念；父母如果还能腾出时间来追求自己的业余爱好，孩子也会感受到珍惜时间的意义。家长要做的仅仅是以身作则，教育孩子先教育自己，培育孩子先培养自己。

7. 不急着说出结果，让孩子自己发现

孩子的小脑袋里装着五花八门的问题，时刻都会有疑问。"雪花是怎么形成的""大海为什么是蓝色的""星期天为什么又叫星期日"，孩子的这些问题经常把家长们搞得晕头转向。

有的父母绞尽脑汁去想问题的答案；有的则跟孩子打太极，蒙混过去。其实，这都不是最明智的办法。聪明的父母会引导孩子自己去发现。心理学家说，孩子认知事物一般有两种情形：一种是通过不断地尝试自己认知，另一种是通过别人的传达被动地认知。

相比较模仿、被动认知，发现、探索式的主动认知对孩子的思维发展更有帮助，后者不仅能激起他们的好奇心，还能强化他们的探索性思维能力。在好奇心的驱使下，孩子们会表现出比成人更积极的思考力和行动力。

第一，适时闭嘴，保护孩子难得的好奇心。

舅舅去果果家做客，饭后和果果玩起了智力拼图游戏，这个拼图是不同云朵的科普拼图。为了让果果更好地了解不同的云朵，舅舅便给果果介绍："这个是积雨云，它又浓又厚；这个是层云，这个是卷积云……"听着听着，果果就开始走神儿了，盯着拼图上的云朵发呆。舅舅有点生气，对果果说："果果，你认真听啊！"果果看了舅舅一眼，说："舅舅，你看，这个像不像一大片层层叠叠的鱼鳞？"果果举起手中的卷积云拼图，"从这头一直到那头，还有规则的纹路，对不对？"本来有点不耐烦的舅舅听到果果这样说，仔细看了看，还真是很像。看着果果兴致勃勃地讲述自己的发现，本来还想说些什么的舅舅赶紧闭上了嘴巴，顺着果果的指引，重新研究

起了拼图。

在孩子的世界里，他们有自己的思维模式和游戏方式，关注的往往并不是我们最初想教给他们的东西。充满好奇心的孩子总是会有自己的想法，这些想法一旦不被重视，受到破坏的便是孩子的求知欲和探索勇气。

与孩子交流，只有放弃自身固有的行为模式，让他们用自己的方式去观察，去领悟，才能让认知的过程在他们的感官世界里，变得趣味盎然。

第二，放开双手，让孩子自己去探究。

作家席慕蓉说："上一百堂美学课，不如让孩子自己在大自然里行走一天；教一百个钟点的建筑设计，不如让学生去触摸几个古老的城市；讲一百次文学写作的技巧，不如让写作者在市场里头弄脏自己的裤脚。"

孩子在上学之前，抽象推理和思考能力并没有完全形成，很多事物都是通过对具体事物的接触和体验来认知的。他们在这个认知的过程中，接受新鲜事物，开发思维，收获快乐和喜悦，这个过程对孩子今后的成长尤为重要。

面对孩子的好奇，家长要做的就是放开双手，让孩子有一个自由的空间去试错、去探索、去反思，让孩子用自己的眼睛去观察，用脑袋去思考，用小手去摸索。对孩子而言，这就是一种"无声的鼓励"，能够让孩子成为一个有创意、与众不同的人。

8.牵一只蜗牛去旅行

　　张文亮写的《牵一只蜗牛去散步》，曾经看哭了很多妈妈。孩子确实就像蜗牛一样，当你焦急地看着墙上的时钟，拼命地催促他起床上学的时候，孩子嘴巴里说知道了，行动上却不紧不慢；当你忧心忡忡地叮嘱他上课听讲，不要和同学发生冲突，控制好自己的情绪时，他慢悠悠地说着"好的"，脸上却未曾有一丝的重视。

　　静下心来想想，他还是一个孩子啊！当我们紧绷神经，逼迫孩子往前冲的时候，是不是该考虑下他们的身体、心理承受能力，他那一双小小的手，能够撑起多大的天空？他那一双小小的脚，才走过多少崎岖不平的路？

　　人生就是一场旅行，我们应该放弃鞭策，放弃催促，牵着自己的小蜗牛，一边走，一边欣赏美景，用心感悟。

　　第一，适时放慢脚步，适应孩子的节奏。

　　妈妈带着3岁的可可去云南旅游。他们来到了洱海，眼前的美景让妈妈身心愉悦。这个时候，可可却看到另外一幅让他感兴趣的画面，那就是几个卷着裤腿、拿着网兜的小朋友正在洱海旁边捞鱼。可可央求妈妈，也陪他下去捉鱼玩。他们捞了半天，虽然一条鱼都没有捞到，但可可开心得手舞足蹈。眼看午餐时间到了，可可却怎么也不肯离开，哭着嚷着不肯上岸。妈妈没有办法，只能强行把他抱起来往回走。可可一直紧紧地拿着他的渔网，重复着"我要捞鱼"这一句话。足足哭了一个小时，直到哭累了，睡着了，饭也没吃成。

对孩子而言，旅途的乐趣特别简单，不是匆忙地往前赶路，不是吃上一顿山珍海味，更不是舒服地睡一觉，而是干自己感兴趣的事情。踩踩水、捞捞鱼，在成人认为很无聊的事情上享受时光。孩子成长本来就慢，他们已经很努力地去迎合父母了。身为父母，是不是也要适时放慢自己的脚步，陪着孩子一起开心地玩耍，适应他们的节奏呢？

第二，用心聆听孩子内心的声音，多一些陪伴。

牛牛6岁了，到了分房睡的年龄了，他的爸爸妈妈决定让他睡自己的房间。起初爸爸妈妈也跟牛牛做了很多思想工作，牛牛也答应了。可是到了晚上，他反悔了，在自己的床上哇哇大哭。妈妈心里不是滋味，但又不能出尔反尔，就来到孩子的房间，轻轻地摸了摸孩子的头，说："宝贝，我们不是说好了要分房睡吗？"孩子眼泪汪汪地看着妈妈说："妈妈，我还是有点害怕，你能不能陪在我旁边，等我睡着了再出去？"于是，

牛牛妈妈静静地坐在他身旁，直到他睡着才悄悄离开。

　　其实，孩子的要求很简单。他能够遵守和父母之间的约定，但是他仍旧是一个胆小的蜗牛，会时不时地想着把头缩进去，躲在自己的蜗牛壳里。这时家长需要做的就是听听他们内心的声音，如果他们的小要求并不过分，那就答应孩子，抽出一点儿时间陪陪他们，摸摸他们的头，让他们觉得安全。这样长大的孩子会更坚韧，内心更强大，遇事能勇往直前，无坚不摧。

第二章

抓住成长敏感期，做事半功倍的智慧父母

孩子在成长过程中会出现几个特定的"敏感期"，如语言、感官、细节观察、秩序规则等敏感期。这时，他们的内心会有一股无法遏制的动力，驱使他们专心致志地反复尝试和学习。顺应这些成长规律，让孩子在玩耍中学习，在边玩边学中慢慢长大，这是父母送给孩子最好的童年礼物。

1.零岁，语言敏感期

古语说："水深则流缓，人贵则语迟。"每当有些宝宝说话晚，周遭的老人就会用"贵人语迟"来安慰家长，事实真的是这样吗？其实，这并没有科学依据，孩子说话的早晚，往往与周围的语言环境密不可分。

曾经有研究者专门针对0岁至1岁的幼儿进行研究发现，宝宝2个月左右就能发出类似"啊""咦""唔"的声音；到了6个月，便能发出单音"ma""ba"；当孩子1周岁左右，已经能用单词"碗""杯""饭"等叫出物品的名字。虽然简单，但每一个发音都是一次质的飞跃，他们从中寻找乐趣，掌握技能。

由此可见，孩子的语言敏感期从出生便开始了，如果家长们善用这段特殊时期进行有力引导，那么对孩子的语言发育是益处颇多的。

第一，使用"婴儿手语"，加速幼儿语言发育。

大多数的孩子学会说"再见"之前，都会有一个模仿大人摆手的过程。细心的家长可能会发现，当孩子学会使用摆手表达"再见"时，他们会特别兴奋，甚至会咯咯大笑。这其实是孩子与外界沟通交流的第一步。一旦他们对"肢体语言"表达的主动性越来越高，那么对语言学习的兴趣也会随之增强，语言表达便水到渠成。

不过，需要提醒家长的是，在教宝宝"婴儿手语"时，最好是肢体语言与正常语言配合在一起，如一边摆手，一边跟宝宝说"再见"。这样才能让孩子将"手语"和"语言"联系起来，为他们的语言发育打下坚实的基础。

第二，尽情输入，变身"话痨"父母。

莎莎的妈妈是一位语文老师，很注重孩子的早期教育。孩子出生后，她抓住所有时间跟孩子对话，无论孩子听不听得懂，如"今天天气真好呀，蓝蓝的天，白白的云，宝宝看看是不是呀"，这种自说自话式的介绍时刻都在进行。每当孩子大一个月，她就加入一些新的东西，一直坚持不懈。当莎莎1岁时，能讲出的词汇明显多于其他小朋友。1岁半时，竟神奇般地把《咏鹅》背诵出来了。

莎莎的语言天赋可能会被很多家长称赞，但天赋的背后呢，却是妈妈坚持不懈的付出。在"话痨"妈妈的教导下，莎莎听到的东西比一般小孩多，所以她能够模仿的就多，会说的也多。在日常生活中，我们可以尽自己所能将所见、所感完完整整地介绍给孩子，确保有足够的词汇和信息量的输入，这样才不会错过孩子的语言敏感期，让他们的语言发育更进一步。

2. 一岁，感官敏感期

孩子从出生起就会凭借着自己的感官来熟悉周围的环境，通过听觉、触觉、视觉、味觉、嗅觉来了解事物，这些感知活动便是孩子认知活动的开始。对于他们来说，感知能力发展得越充分，储存知识的经验就越丰富，思维和想象发展的空间和潜力也就越大。

孩子在很小的时候，就会对光很敏感，会将眼睛转向有光线的地方，一旦光源移动了，他们会追随着到处看；孩子也会通过不同的声音，如怒吼或哈哈大笑，来感知身边人的情绪变化；他们通过嘴巴来感知世界，将能抓到的所有物品都放到嘴巴里尝一尝；通过手来触摸物体，拧一下开关，按一下按钮，不厌其烦地重复同一个动作。上面这些，都是孩子在不同敏感期所释放出的特殊信号。如果家长抓住机会，给予有益引导，那么孩子便会在某些方面获得长足的进步。

第一，不着急阻止，让孩子尽情啃咬。

萌萌6个月的时候，特别喜欢吃手，时不时地还把脚抬起来放在嘴里啃。奶奶每次看到这样的场景就会去把她的小手、小脚从嘴巴里面拿出来，一边阻止一边说："脏哦，不能吃哦！"经过一段时间，萌萌丝毫没有改变，甚至还会拿一些小玩具放在嘴巴里面啃。这让奶奶非常恼火，直接就去拍萌萌的手，萌萌委屈得"哇"一声大哭起来。然而，萌萌执着的吃手行为，却在1岁以后，神奇地慢慢消失了。

如果家里有孩子，你是不是也经历过这样的事情？你是不是也像萌萌的奶奶一样，不厌其烦地去阻止过孩子？如果不了解成长敏感期，我们可能一辈子都不知道，自己当时的阻止行为错得多么离谱。幼儿在成长过程中，会有一段短暂的口欲期，通过嘴巴来感知周围的事物，表现为不管抓到什么都放嘴巴里尝一尝，他们通过这种方式对世界进行最初的探索，并以此来锻炼自身的协调能力。家长的正确做法是，提前检查玩具，收好危险品，给孩子把手洗干净，消毒玩具，仅此而已。

第二，准备道具，游戏是最好的引导方法。

教育学家陈鹤琴先生曾经说过："小孩子生来就是好动的，是以游戏为生命的。游戏能让孩子的认知、感受得到最真实的体验，也能在他们幼小的心灵里种下健康的种子。"

作为家长，最好能在孩子视觉敏感期，给他们准备一些黑白棋，和孩子一起玩找不同游戏，提升孩子的视觉注意力；在孩子听觉敏感期，给他们准备一些音乐类玩具，让他们听听不同的旋律；在孩子嗅觉敏感期，把孩子带到厨房，让他们闻一下酱油、醋、料酒等调味品的气味；在孩子味觉敏感期，让他们尝尝酸、甜、苦的食物；在孩子触觉敏感期，给他们准备一些软的和硬的玩具，让他们感受软硬或形状。

感官敏感是一个很微妙的东西，我们身体的任何一个器官都遵循着"不用就废""越用越灵活"的原则。在孩子感官敏感期，让他们接触更多东西，感知更大的世界，从而收获更多的能力。

3. 一岁半，细节观察敏感期

幼儿在发展过程中，当受到自身内部某种独特潜能指引的时候，会对一些特别细小的东西非常敏感，并表现出高度的兴趣。这个时候的小孩，眼中仿佛自带了一个"显微镜"，能够看到大人所看不到或者被忽略的东西，这就是细节观察敏感期的一种表现。

细节决定成败，很多家长会抱怨自己家的孩子在学习的过程中，尤其是一年级的时候，对于拼音字母"b"和"d"、"q"和"p"分不清楚，并将这归咎于小孩的粗心大意。然而，这多半是因为家长没有在他们细节敏感期，给予孩子更多的帮助，甚至可能破坏了他们原本自带的细节敏感度。

孩子一旦出现对细小事物感兴趣的现象，说明他们的身体协调能力、观察力、专注力已经发展到了一个上升阶段，这个时候，如果家长好好利用，并加以引导，对孩子以后的学习、生活将会产生巨大的帮助。

第一，不去打扰正在观察的孩子，让其好好"工作"。

1岁7个月的圆圆很喜欢听妈妈给他讲绘本，最喜欢的是

《好饿的毛毛虫》。每次妈妈给他讲完这个绘本，他都会跟妈妈说："妈妈，再讲一遍！"妈妈也总是不厌其烦地给他讲。有一天，妈妈带着圆圆去植物园。突然发现他呆呆地站在一个地方一动不动，妈妈本想大声叫他，但看他那么专注便放弃了。于是蹑手蹑脚地走过去，发现圆圆正在观察一只毛毛虫。就这样安静地看了很长时间，圆圆才移动了双脚，他对妈妈说："妈妈，毛毛虫爬行的样子真的跟书里讲得一样。"回家后，圆圆又将家里的毛毛虫绘本拿出来，让妈妈再讲一遍。

故事中的圆圆正是处于细节敏感期，他的小脑袋正在工作，观察思考大自然中的毛毛虫，并将平时抽象的思维与实实在在的事物联系在一起进行比较，妈妈的驻足等待无形中给了孩子足够的时间，让他的观察力和专注力都在慢慢提升。

第二，保护好孩子的"收藏物"，让观察变得有意义。

处在细节敏感期的孩子，特别喜欢收集他格外感兴趣的小东西，比如一些小纸屑、粉笔头、树叶、小石子等，这些小小的不起眼的东西，是他们眼中的宝贝。这是什么原因呢？因为孩子正在对弱小事物进行观察和保护。这个时候，家长千万不要因为卫生问题阻止他们，相反，应该给他们准备一个专门放置这些"小收藏品"的盒子，让他们自由地观察、玩耍。保护他们的这种行为和心理，让他们从中体会到快乐。

细节观察至关重要！家长一定要尊重、支持孩子用自己的方式去发现，遵循孩子本来的成长节奏，让他们毫无限制地运用自己富有想象力的大脑去认知世界，用专注的双眼去探索未来。

4. 两岁，秩序规则敏感期

通常情况下，孩子在 1 岁到 3 岁这一期间，对外在事物的秩序有着近乎"强迫症"的欲望，尤其是对物品的所有权、物品呈现的状态等，有极高的要求，一旦这种秩序被破坏，他们就会焦躁不安，甚至出现一些激烈的反应。

当看到肥皂没有放在肥皂盒里，或者板凳没有放在原来的地方，孩子就会马上过去将这些物品还原，一旦完成这件事，他们会非常开心。因为在这个过程中，原有的秩序被调整好，孩子的内心获得满足，他们因此而快乐。

第一，注重环境整洁，给孩子提供一个有序的环境。

外在环境的混乱会直接影响孩子思维的条理性。如果孩子的生活环境杂乱不堪，尤其是日常用品摆放混乱无序，那么，孩子长大后，就很容易成为一个做事没有规律、没有秩序感的人。我们平时看到的那些东西随便放，随手丢的朋友或同事，很可能就是在幼儿期被破坏了秩序感。

作为家长，我们要尽量做到家庭环境整洁，可以定期跟孩子一起打扫卫生，摆放桌椅，合理划分房子的生活、工作、学习空间等，让家里的环境变得整洁、温馨、明亮。孩子在这样的环境中，自然而然会变得有条理，在今后的生活中也会成为一个做事井井有条的人。

第二，制定规则，同孩子一起遵守。

"只许州官放火，不许百姓点灯"是很多家长一贯的作风。一边喝着可乐，一边告诉孩子碳酸饮料对健康不利；一边玩着游戏，一边告诉孩子玩游戏有害身心。家长对自身的每一次破例，都是在无形中告诉孩子，规则并没有那么神圣不可侵犯，是可以被打破的，这就让孩子漠视了规则，失去了规则感。

如果我们给孩子制定了规则，首先要做的就是自己要率先完成，用实际行动来演示给孩子看。我们吃饭不挑食，孩子才能什么都吃；我们过马路时不闯红灯，孩子才能遵守交通规则；我们不随手扔垃圾，孩子才能爱护公共卫生。

帮助孩子培养良好的秩序感，可以让他们在日常生活和社交中更好地处理问题，提高生活质量。从现在开始，从生活点滴开始，让我们好好维护孩子那短暂而执拗的秩序敏感期吧，让他们在点点滴滴中形成良好的归属感、规则感，以及安全感。

5.两岁半，人际关系敏感期

人类友谊的常青藤往往从幼儿期就开始萌芽了，当成年人在为如何拥有更多知己，如何得到他人认可而烦恼的时候，处于幼儿阶段的孩子已经在探索属于他们自己的一套人际交往方法了。

他们会带着自己的玩具去跟小朋友交换，寻找那些拿着他们感兴趣的玩具的小伙伴，从开始和一堆小朋友玩，到最后只跟一两个小朋友玩。这种人际交往方式和智慧，是与生俱来的，也是处于人际关系敏感期的孩子，最本能的一种表现。

第一，多带孩子与小朋友接触，让其参与社交。

我们可以看到，经常参与家庭聚会的小孩会更加活跃，对于处理与小朋友之间的冲突时更"老到"。这是因为孩子在观察和参与更多社会活动后，逐渐学会了如何去判断和揣摩他人的心理，如何去承受与他人交往过程中的种种失败。别以为孩子之间只是在"过家家"、闹着玩，孩子之间的交往是非常认真的，他们的世界是一本正经的。

当然，在社交的过程中，孩子难免会受到欺负。这个时候，家长不要因为过于担心自己的孩子受欺负就阻断孩子之间的联系，要知道，孩子们之间的矛盾冲突是正常的，这是他们社会化的一个必经过程。只要我们能够给予孩子足够的精神支持和鼓励，他就会具备足够强大的内心，顺利度过人际关系敏感期。

第二，尊重孩子的交换行为，不以成人的眼光去界定"吃亏"。

果冻的妈妈每次都抱怨，说自己的孩子特别喜欢跟小朋友玩，为了能顺利找到朋友甚至可以把自己心爱的玩具送给别人。有一次果冻的奶奶给他买了一个期盼已久的植物大战僵尸的玩具——豌豆射手。果冻拿着它出去玩，碰见了自己的好朋友，想都没想就直接把"豌豆射手"送给好朋友，换来的只是这位好朋友陪他玩了一小时，这种"不等价"的交换让果冻妈妈哭

笑不得。

　　事实上，孩子的世界非常简单，他们不会因为失去了一个玩具，或者用一个价格很贵的玩具换来了一个价格便宜的玩具而闷闷不乐，他们在意的只是交换的过程，以及在交换的过程中与朋友之间建立的一种社会联系。

　　在这个过程中，孩子体验了渴求交换的焦虑，以及交换成功的喜悦，或交换不成功的失落，等等。作为家长，完全没有必要用成人的眼光去界定孩子是不是吃亏了，或者是不是占便宜了，而是应该让他们自己去感知。只要孩子觉得用玩具换来与朋友一小时的玩耍非常值得，那就是值得的，因为物品有价，而情义无价。

6. 四岁，阅读敏感期

人的兴趣爱好并非天生具备，而是在一定的客观环境中形成并发展起来的。很多家长常常会发牢骚，说孩子不喜欢读书，不喜欢写字，好像什么都不喜欢。

作为家长，我们首先要反省一下自己。当孩子缠着你给他讲绘本的时候；当孩子翻书从后面一页翻到中间一页，又从中间一页翻到最前面一页的时候；当孩子要求你给他重复讲同一个故事的时候，你是怎么做的呢？

一般来说，4岁左右时孩子会进入阅读敏感期，表现为孩子对阅读、看书产生浓厚的兴趣。但他们的注意力集中时间并不长，只有5到10分钟。观察的有序性也不够，不能很好地按照顺序，从前到后去阅读绘本，不能看懂图画或读懂文字。这个时候的他们不得不依赖父母，需要父母给自己讲解，需要重复阅读，甚至会乱翻书本，这都是正常现象。作为家长，我们应该耐心，尽可能抽出时间陪伴孩子进行阅读，让他在听书过程中产生更浓厚的阅读兴趣。

第一，坚持亲子阅读，共建阅读兴趣。

处于阅读敏感期的孩子，心智就像一块肥沃的田地，准备接收大量的文化播种。这个阶段，家长一定要给孩子提供丰富的精神食粮。我们可以以 21 天为一个周期，坚持在这个周期内每天固定一个时间，可以在刷完牙后，也可以在吃完饭后，给孩子讲几本绘本，让他形成一个生物钟。21 天后，你会发现，不用提醒，孩子都会在那个时间找到你，让你给他讲绘本。几年后，你可能同样会看到，在那个固定的时间，你的孩子在认真阅读。这样，孩子的阅读兴趣和良好的阅读习惯自然而然就产生与形成了。

不过，在给孩子讲绘本前，最好先将故事通读一遍，了解故事的脉络、角色特征、语言风格等，这样才能充满激情地讲给孩子听，孩子才能被你的情绪感染，形成深刻而持久的记忆，从而对书本或阅读产生浓厚兴趣。

第二，阅读与生活结合，让书本照进现实。

天天最喜欢缠着妈妈给他讲《走近国宝大熊猫》，绘本通过大熊猫解救被困小白兔的故事，介绍了大熊猫的特征、习性，这让天天对大熊猫产生了浓厚的兴趣，但每次妈妈问大熊猫有哪些特征的时候，天天还是一问三不知。这让妈妈非常头大，于是跟爸爸抱怨说："咱家孩子是不是记忆力差呀！"爸爸摇摇头说："怎么可能！明天你带着孩子去看看真的熊猫，回来再问他。"第二天，妈妈特地带天天去了动物园，让他近距离观察了大熊猫。回家以后，天天竟然自己拿起绘本，给妈妈讲起了大熊猫的习性和外貌特征，这让妈妈既惊讶又惊喜。

　　阅读能让孩子产生无限的联想，生活却能将书本知识照进现实，两者相互结合，就能让孩子生成惊人的领悟力，形成新的思维。身为家长，多带孩子参加实践活动，将故事还原到生活中；多用联想法，将绘本故事与真实事件联系起来，这样才能让孩子产生更多的共鸣，也能更好地吸收和消化书中的知识。

　　在阅读敏感期，多与孩子一起进行亲子阅读，不仅能够培养孩子的阅读兴趣和习惯，还能激发他的求知欲。让我们共享亲子阅读的短暂时光，在行万里路的同时，一起阅读万卷书吧。

7. 六岁，文化敏感期

随着年龄的增加，孩子的语言表达、思维方式、想象力等都会变得越来越丰富和复杂，尤其到了6岁，他会出现对探求事物奥秘的强烈需要，他们愿意去了解任何领域里新奇的事物，会像"十万个为什么"一样不停地提出问题，这便是进入文化敏感期的主要表现。

此时的孩子如同一块海绵，随时准备吸收外来的水分，并沉浸其中无法自拔。他们既会向父母讨教很多自然界的奥秘，也会将某一领域的知识跟父母娓娓道来，作为家长，我们最好的办法就是认真倾听，及时提问，从而让孩子乐于进一步探索和求知。

第一，耐心回答孩子的"十万个为什么"，尽早科普。

面对"十万个为什么"型的孩子，家长首先要有耐心，并第一时间回应他们，帮他们解答问题，如果自己也不懂，就带着孩子一起寻找答案；其次，可以给孩子准备一些简单易懂的科普书籍，家长可以讲给孩子听，也可以让孩子自己阅读；最后，家长还可以给孩子准备一些科学实验的素材，通过简单易懂的科学实验，让孩子获得最直观的答案。

第二，用欣赏的眼光看待孩子的"作品"，鼓励他们自由表达。

幼儿园大班的毛毛对恐龙特别感兴趣，看书喜欢看有恐龙的，画画喜欢画各种恐龙，只要是有纸有笔的地方，就会有毛毛画出来的恐龙。开始时，毛毛妈妈对此不以为意，认为已经大班了，应该多花点心思在拼音、数学上，就时不时地批评孩子乱画。每当这个时候，毛毛爸爸就过来阻止，并对毛毛的作品大加赞赏。夫妻两人也私下为这个事情争论不休。直到有一天，毛毛画出了一幅恐龙巨作，画纸上的三角龙栩栩如生，他也因为这幅画获得了幼儿园"天才小画家"的称号。这让毛毛的妈妈对他产生了新的认识，原来自己的孩子居然还是个画画小天才。

随着孩子自我意识的逐渐觉醒，他们开始有自己的想法，不管是用画笔，还是钢琴，亦或是别的什么东西进行试探性创作，我们都应该欣赏加鼓励，让他们以这种方式来充实他们的文化敏感期。这样，孩子就会越来越愿意用他感兴趣的方式去表达心声，记录生活。在未来的某一天，也可能成为某个领域的佼佼者。

8. 掌握孩子性格形成的关键期

性格是指一个人对现实的稳定态度。从心理学角度讲，性格既有稳定性，同时也有可塑性。也就是说，一个人的性格在他出生时已经初见端倪，但是经过后天的引导和培养，是能够朝着积极的方向去改变的。

6岁以前是孩子性格形成的关键时期，主要分为3个阶段，即婴儿期（0～1岁）、幼儿期（2～3岁）和学龄前期（4～6岁）。每个阶段孩子会在性格上表现出不同的特点，家长们最好做出有针对性的引导，以帮助孩子形成阳光健康、积极向上的良好性格。

第一阶段，给予孩子足够的安全感。婴儿期的孩子最需要的就是父母无微不至的照顾。这个时期，家长能做的就是让孩子产生足够的信任感，要满足孩子的基本生理需求，如尿布湿了及时更换，饥饿时及时喂奶，困倦时及时让宝宝睡觉，这些最基本的生理需求可以让这个年龄段的宝宝产生足够的安全感，安全感充足的孩子长大后的性格就更倾向于活泼开朗。

第二阶段，给予孩子更多的自由空间。幼儿期的孩子已经学会了一些基本的生活技能，也会因为自我意识开始觉醒，出现一些小叛逆，故意去违背父母的意愿。对此，家长不要过度地控制孩子的行为，以免让孩子对自己产生怀疑，应给予他们足够的自由空间，在避免发生危险的情况下，让孩子独自探索，尽情玩耍。

同时，家长们也要为孩子营造良好的家庭氛围，夫妻之间出现矛盾时，最好私下去沟通，不要当着孩子的面儿大吵大闹。在父母争吵中长大的孩子，心理会蒙上一层重重的阴影，更容易形成自卑内向、消极孤僻的性格。因此，父母先要做好榜样，学会管理自己的情绪，让整个家庭氛围是平和友爱的，孩子的性格才能朝着开朗自信的方向发展。

第三阶段，给孩子充分的理解和肯定。学龄前期的孩子身体和思维是最活跃的时候，生活方面基本能够自理，主动性也得到了进一步加强，想象力和创造力正处于爆炸式发展的阶段。这时，家长最应该做的是，学会慢慢放手，给孩子无条件的肯定与支持。让孩子们在一个有边界的自由空间中，去发挥他们的想象力和创造力。也就是说，只要孩子的行为没有触犯基本的原则和准则，完全可以信任他，让他自由发挥。这样，更有助于培养他们积极乐观的心态，有助于他们长大后成为一个果断、有目标、有冲劲的人。

孩子自出生之日起，心灵就如同白纸一样干净纯洁，既容易受真善美的熏陶，也容易受假恶丑的污染。就像荀子所言："蓬生麻中，不扶而直；白沙在涅，与之俱黑。"身为父母，不仅仅肩负抚养孩子长大的责任，更要为他们的性格发展指明方向，因为，不论现在还是将来，一个人的性格对其人生的成败和幸福与否都影响巨大。

第三章

散养下的处世哲学与习惯养成

近几年，"散养"的教育理念出现的频率特别高，很多家长纷纷效仿，结果却因为没有把握好"度"，导致孩子成为"让人头疼的小孩"。事实上，真正意义的散养，散的是孩子的思维，养的是孩子的习惯。虽然每个孩子都是独一无二的，都有自己的个性，但社会的基本准则是相同的。在尊重孩子个性的前提下，养成良好的习惯，这才是散养的关键。

1. 孩子的时间让孩子自己安排

所有的家长都有一颗望子成龙的心，希望自己的孩子能有好的成绩，于是将孩子的时间安排得非常"充实"：放学后上兴趣班，上完兴趣班后练字，练完字后回家写作业，写完作业看书、睡觉。一整套下来，孩子在家长紧迫的安排下完全失去了自我，被动地变成了一台执行程序的机器，结果却因为没有动力变得越来越懒散，时间无形消失，最终一事无成。

物理学家爱因斯坦曾经说过："人与人之间最大的区别就在于如何利用时间。有的人很会经营，他用上天赐予的时间做了很多事，最终换来了成功。"

对于时间这种看不见摸不着的抽象东西，孩子并没有概念，让他们抓紧时间犹如天方夜谭。如何才能让孩子有时间概念，安排管理好自己的时间呢？

第一，忍住，让孩子自己承担拖延的后果。

启航是一个爱睡懒觉的孩子，妈妈实在受不了了，决定给他一个教训。星期一的早上，妈妈让启航睡到自然醒，等他慢悠悠地刷牙、洗脸，再送他去幼儿园。

到了下午，妈妈去接启航时，他哭丧着脸对妈妈说："妈

妈，我今天迟到了，没有赶上升旗仪式，还错过了吃早餐的时间，老师批评我了。"说着小声抽泣起来。妈妈蹲下来安慰启航，并假装无辜地说："是吗，不好意思啊，妈妈今天也赖床了。"启航很生气，严肃地对妈妈说："以后我们谁都不能赖床了啊！"妈妈一脸认真地说："好啊，那我们做一个约定，以后咱们都不赖床。"

从那以后，启航每天早上起床都变得特别积极。

我们在遇到孩子没有时间概念时，总是习惯性地唠叨、催促，或者通过武力压迫来解决问题，但往往收效甚微，孩子会一而再、再而三地犯同样的错误。这个时候，我们不妨忍一忍，让孩子自己去体验浪费时间所带来的恶果。行动高于言语，只有当他们自己切身体会，才能自主地改变行为，提升速度。

第二，使用计时器，让孩子感知时间的流逝。

豆豆写作业特别慢，每次妈妈辅导他的时候都气得火冒三丈。经过一个月的相互折磨后，豆豆妈妈直接把这个大麻烦扔给了爸爸。爸爸在接到任务后，第一时间给豆豆买了一个计时器，让豆豆自己定时间，多长时间内练完字，多长时间内写完口算题。刚开始的时候，豆豆还有点不太习惯，但仅仅经过一周的训练，豆豆写作业的速度奇迹般地提高了。

在孩子的认知空间里面，能够听懂 30 分钟内写完作业的意思，但根本不知道 30 分钟意味着什么。如果家长使用计时器，孩子在听到计时器"嘀嘀嘀"响起的时候，就知道现在从事的"工作"结束了。如果没有在这个时间内完成，孩子就会紧张，会提醒自己下次一定要在规定时间内完成。

一旦孩子感知到了时间的概念，并且认识到了浪费时间带来的不良后果，就会开始珍惜时间。家长只需要在一旁稍加引导，孩子自然而然地就会自己安排时间，提高速度。

2.求同存异，做事商量着来

人际关系大师戴尔·卡耐基曾说过："在一次对话中，一个人应该用 80% 的时间去聆听，剩下的 20% 则是用来提醒或者是让对方继续说下去。"大多数家长在与同事、朋友沟通时能做到这一点，但与孩子沟通时，往往做不到。

孩子做事情的方法与成年人不同，这是很正常的。正是因为这些不符合常规的思维，才练就了孩子与众不同的个性和天马行空的想象力。家长要做的就是尽可能地理解孩子的思维特点，捍卫他们说话的权利，凡事多商量，求同而存异。

第一，给自己装一个暂停开关，让孩子先说。

小宝妈妈接到了老师电话，说小宝上课的时候钻到桌子底下玩，希望家长能好好教育孩子。妈妈非常生气，接到小宝后便劈头盖脸地问他："地上那么脏，为什么要钻桌子，你知不知道你这样很不对……"一顿数落后，小宝委屈极了，小声地说："我只是看到地上有垃圾，想把它捡起来。"声音虽然很小，却像刺一样扎痛了妈妈的心，小宝妈妈反思了自己的行为后赶紧给孩子道歉，孩子破涕为笑，对妈妈说："妈妈，没关系，我原谅你了！"

不管遇到什么事情，家长要给孩子解释的机会。可能仅仅是一分钟或者半分钟的时间，他就能够告诉你真实的情况！我们不要盲目地去指责，先弯下腰来，听听孩子怎么说。这既是尊重事实，也是对孩子的一种尊重。

第二，出现问题，及时与孩子商量。

收视率很高的电视剧《小欢喜》中有一个值得大家思考的故事情节：一向被人视为"学霸"的乔英子因不堪学业压力，装病逃课去爸爸家玩乐高，而宋倩作为一个十分严厉的母亲，在没有了解事情经过的前提下，直接训斥了女儿，并扇了英子耳光。随后的很长一段时间，英子一直疏远母亲，后来还患上了抑郁症。

作为"学霸"的妈妈，英子妈妈理所当然地认为自己的孩子不会存在学习的困扰，殊不知，"学霸"也有压力，也需要释放。家长一味地用自己的想法或先入为主地去考虑问题，往往会给孩子造成一些让他终身无法抹去的伤害。当出现问题的时候，我们应该及时同孩子商量，共同寻找解决办法，往往就能找到新的出路。不要做专制父母，主动倾听孩子发自内心的声音。孩子虽然年龄小，但他是一个独立的个体，家长要尊重孩子，给孩子说话的权利。共同协商后的结果才是孩子主动自发去做的前提。

3. 每个孩子都有独一无二的优势

世界上没有两片一模一样的叶子，也没有两个一模一样的孩子。每个父母都期望自己的孩子听话、懂事、爱学习，完全不用父母操心。但现实生活中，再乖的孩子也有不如人意之处，再不听话的孩子也有可爱的一面。正是这些不同，造就了孩子独一无二的个性。

每个孩子生来都是天使，都有着不可预估的潜能。作为家长，如果用爱心去理解、去包容孩子那些不称心之处，用善于发现美的眼睛去看见孩子的优势，孩子就会是那最特别、最具光芒的一个。

第一，接纳他们的缺陷，悉心教导。

天才指挥家周舟因患有唐氏综合征，智商只相当于5岁的孩子，但他却在世界著名的艺术殿堂美国卡内基音乐厅，留下了自己的名字。小时候的他因为异于常人，不能上学，周舟的父亲一边上班，一边带着他。无意间，父亲便发现了周舟的音乐天赋，于是悉心培养，最终让他成功地走向了舞台，成为了世界级的天才指挥家。

　　上天在给人们关上一道门的同时，也会为其打开一扇窗。无论是先天优势还是先天不足，任何一个孩子都值得被全心全意地爱护，他就是上天给家长的一份独一无二的礼物，会给家长的生活带来无限的惊喜。家长只有做到接纳他们的不完美，才能挖掘他们内在的天才潜质，成就他们非凡的人生。

　　第二，用无条件的爱，照亮孩子的未来。

　　很多家长在被问及是否爱孩子时，答案都是肯定的。如果追问爱的方式，大多数家长肯定会说，孩子要什么我给他买什么。但如果继续问，孩子不听话、学习不好时呢？相信很多家长都会面露难色，或者直接说，不听话时肯定什么都没有，甚至还会表示可能武力解决！

　　这说明什么？说明这些家长的爱是建立在孩子听话、学习好的基础上的，是有条件的。从严格意义上讲，他们爱的并非是孩子，而是孩子为了实现他们的愿望而做出的努力，一旦孩子不努力了，这爱恐怕就变成了伤害。但是，每一个孩子都有自己独特的优势，并不是都在学业方面，有些小朋友可能热爱篮球，有些可能有音乐天赋，还有些孩子能说会道。即便是学霸，也会有状态好和状态不好的时候。身为家长，我们要充分理解孩子，支持孩子，让他们在自己感兴趣的领域、在他们的优势项目上阔步前进。这样才能激发起孩子的主动性和自觉性，拥有这两种特性的孩子在任何方面都不会很差。

4. 如果孩子不想原谅他的朋友

孩子在与人交往的过程中经常会遇到各种小矛盾和冲突，总会有一方被欺负觉得委屈，另一方则会迫于压力或者自身原因选择道歉。更多的家长还会劝说受到委屈的孩子原谅他人，这到底对不对呢？

古语有云："未经他人苦，莫劝他人善。"意思是说，没有经历过别人的痛苦，就不要去劝人大度、善良。孩子被欺负时受到的心理伤害，并不是一句道歉或"算了，没事，原谅他"就能解决的。

如果家长一味地强迫孩子原谅他人，可能会让孩子更加委屈，情绪更加激动，以后再遇到同样的问题，往往不再据理力争，从而变得懦弱和不自信。聪明的父母应该这样做：

第一，不想原谅可以不原谅，让孩子情绪得到释放。

　　沐沐是一个单亲家庭的孩子，非常懂事，也很乖。有一天上学，一个小男孩在教室里打闹，把沐沐的小猪踩烂了，老师闻讯过来，要求男孩给沐沐道歉，男孩看了看地上的小猪，轻描淡写地说了句"对不起"。沐沐一下哭了起来，说道："我不原谅你，这是妈妈给我的。"原来沐沐的妈妈因为上班很忙，没工夫陪她，便让小猪代替妈妈陪着她。老师不知道小猪对于沐沐来说意义有多重大，对沐沐不依不饶的行为给予了批评，这让沐沐无比伤心。

　　看似非常小的一件事情，在孩子的心里却比天大。沐沐所受到的伤害并不是一句简单的"对不起"可以弥补的，显然这位老师的做法有失偏颇。对于孩子之间发生的矛盾，最好让孩子自己来处理。但我们要告诉孩子，如果打心底接受不了对方的道歉，可以选择不原谅，或者当你想原谅对方时再去谅解他，给自己的坏情绪留一些疏导的时间。

第二，同孩子探讨对错，引导孩子正面解决问题。

孩子是非常善良的，也是非常健忘的，尤其是幼儿时期，他们往往不会因为一件事情而记恨朋友一辈子，可能过个三五天，他们连发生了什么冲突都记不清了。但这并不代表做家长的可以完全不去理会。

当孩子情绪缓过来后，我们可以找一个时间，和孩子共同探讨事情发生的经过与对错，并告诉孩子：首先，自己的东西可以自己做主，这是你的权利；其次，面对不合理的事情，拒绝是没错的，这是你可以做的；再次，生气的时候不要一味隐忍，这是你可以发泄的；最后，事情发生后要理性地进行判断，不要只是怪罪别人，可以尝试站在对方立场想想，他为什么要那样做。

告诉孩子解决问题的方法和原则，至于其他，由孩子自己来决定，即便他们可能会做错也不要紧。每一个人的成长都需要经历无数的错误和挫折，这是走向成熟的必由之路。

5. 以身作则，家长说话要算数

有一项研究表明，小时候能够遵守约定的孩子，长大后不仅品德良好，学习能力和社交能力也更出色。"说话算数，言而有信"是中国几千年来的传统美德。然而，现实生活中有时却是这样的：跟孩子约定好玩半个小时就去写作业，结果时间到了，孩子就开始找各种理由不去执行，如果家长坚持，则会闹得人仰马翻。

在面对这种问题时，家长该如何做才能避免尴尬的局面呢？

第一，科学认知，与孩子换位思考。

心理学家曾指出，人类有一种自然倾向去完成一个行为单元，如去解答一个谜语、学习一本书等，这就叫"心理张力"。简单来说，就是一个程序并没有执行完，是无法去执行另外一个程序的，这不仅仅是针对大人，对孩子也一样。如果孩子正在完成的某个单元，还没有做完家长就强行阻止，孩子自然是不愿意的。

第二，以身作则，给孩子树立榜样。

萱萱有一次在河边玩耍，看到一个叔叔在钓鱼，出于好奇就跑过去跟那位叔叔问东问西，这个摸摸，那个碰碰，这使得钓鱼的叔叔有点不耐烦了。妈妈看到后，赶紧哄萱萱说："叔叔钓鱼需要安静，如果你跟妈妈走，妈妈带你买好吃的。"刚走到路边，就见到一个卖冰糖葫芦的老爷爷在那里吆喝，萱萱激动地说："妈妈，给我买糖葫芦吧！"但这时萱萱的妈妈却以吃太多糖不健康为由拒绝了孩子。萱萱边哭边大声抱怨："妈妈说话不算数！"

这件事过去很久后，萱萱仍对妈妈出尔反尔的行为耿耿于怀。每当妈妈再对自己许诺什么，萱萱都觉得妈妈是在哄自己玩呢！

　　家长一旦言行不一致，小孩就会有样学样，对父母的话便不再信任，觉得自己被忽悠了。久而久之，便会无视约定。因此，作为家长，在与孩子约定的过程中，要时刻注意自己对孩子许下的承诺，自己的承诺能不能兑现，何时能兑现，这些都要考虑清楚。一旦答应，就要兑现，如果错过了兑现时间，要及时跟孩子解释清楚，并重新约定好时间，重新建立与孩子之间的信任。这样，孩子才会像你一样，遵守承诺，说话算话。

6.快乐与悲伤，都是正常的情绪表达

孩子与成人最大的区别是控制情绪的能力，但情绪本身却没有太大的区别。孩子在成长的过程中，感受和情绪变得逐渐丰富和成熟，他们会愤怒，会高兴，会害怕，会骄傲，会哭泣，会兴奋，这些都是正常的情绪表达方式。

负面情绪教会孩子成长，让他们的生命有了厚度；正面情绪教会孩子跨越困难，给他们的生活带来阳光。

当孩子正在慢慢经历或者懂得各种感受时，作为家长，要及时引起重视并进行有效引导，才能让他们的人格发展及社交能力得到长足的进步。

第一，允许孩子发泄不满，经历内心波折。

星期六的早上，济珂同学很早就起床了，兴致勃勃地对正在准备早餐的妈妈说："妈妈，我去写作业了！"妈妈有点纳闷，对儿子说："妈妈早饭还没有做好哦！"济珂说："那我先写一下作业，然后再吃饭。"妈妈心想：奇怪了，济珂第一次这么积极主动写作业，肯定有什么事。

不一会儿，作业写完了，济珂对妈妈说："我能玩游戏吗？"妈妈一时间没有反应过来，说："马上要吃饭了，玩什么游戏！"

济珂的情绪一下从沸点降到了冰点，竟然忍不住哭了起来："我早起写作业，就是为了早点玩游戏！"妈妈这才恍然大悟，等他稍微平复了情绪后，妈妈说："那就吃完早饭再玩吧。"济珂脸上立马露出了笑容。

孩子们有自己的小心思，有时会像个谜一样，让你猜不透。但孩子的世界相对简单，他们行为的目的性往往很强。一旦目的没有达成，尤其是自己设定的计划被破坏的时候，他们会比成年人更容易发怒，这时就会通过哭诉表达情绪，寻找解决问题的方法。这个时候，家长不要一味地制止和批评，应该给孩子留一段缓冲时间，让他们经历自己的内心波动，自己找到答案。

第二，引导孩子用语言诚实表达情绪。

小吉是一个成绩非常优异的小学生。新学年开始了，小吉想竞选班长，但老师直接指定了另外一个同学，这让小吉很不开心。回到家里的小吉，一言不发地躲到自己房间不出来。妈妈问他什么他都一言不发。妈妈没有办法，就对小吉说："妈妈知道你现在不开心，不想说话，没关系，等你想说的时候再跟妈妈说，妈妈永远都在这里。"

就这样过了一天，小吉才把事情的经过告诉妈妈。妈妈说："妈妈很开心你能跟我分享，这样很棒！老师这样做可能有他的原因，我们可以问一下老师。你也别难过，妈妈相信你的实力，说不定下一次老师就会直接指定你呢。"

很多一向优秀的孩子往往会因为一时失败而心里难过。这个时候，他们不想与他人讲话，选择了沉默的方式来自行消化。身为家长，千万不能忽略这个小细节，最好的方式是引导孩子用语言将情绪表达出来，从而驱除不良情绪，让孩子重获自信，快乐地学习和生活。

7.鼓励孩子走出去，用自己的方式联通社会

为什么成功人士能够成功？因为他们的见识使自己拥有了眼界、格局和圈子，让他们具备了成功的条件。无论是成年人还是孩子，在面对困难的时候，见得多往往更能从容面对，见得少则会手足无措。

相比一个见了陌生人就躲在大人背后的孩子，能够站在人前侃侃而谈的孩子往往显得更加聪明、智慧。"酒香不怕巷子深"已经是过去时，想要孩子的才能不被埋没，最好的方法就是鼓励孩子去与社会联通，让他们用自己的方式展现出优秀

的一面。

第一，3岁前鼓励孩子走出去，多跟小伙伴交往。

林林的奶奶很疼爱孙子。可林林每次出去跟小朋友玩的时候，经常因为被人欺负而哭得稀里哗啦，这让奶奶很心疼，但又找不到更好的解决办法，只能每次都是简单粗暴地将孩子抱走，然后带着孙子去别处玩或者回家。

上幼儿园后，林林的问题便出现了。他经常一个人在角落里玩，很少跟小朋友交流，更别说能交到朋友了。

心理学家莱金·菲利普斯说："许多人不能与他人正常交往、和谐相处的原因，是因为他们在儿童时期没有学会基本的社会交往技能。"虽然孩子的社交障碍并不是永久的，可能长大就会好很多。但孩子一旦被保护得太好，就会缺乏与同龄人沟通、交流的机会，从而失去很多朋友间带来的快乐。因此，家长要做的就是鼓励孩子多出去，跟小伙伴们交往，在磕磕碰碰中获得更多的社交经验和技能，在欢笑和眼泪中走过童年之路。

第二，尊重孩子用自己的方式去建立联系。

鑫鑫每次出门玩都会背上一个小书包，书包里面装满了各种各样的玩具和卡片，爸爸特别不理解。直到有一天，爸爸看到鑫鑫在公园的空地上，将所有的玩具全部摆出来，并吸引了一群小朋友过来。他这才明白，原来，鑫鑫是通过这种方式来

寻找兴趣相投的小伙伴。爸爸感到既惊讶又欣慰，没想到这么小的孩子，已经有了自己结交朋友的方法，真是太了不起了！

物以类聚，人以群分。孩子也是这样，女孩子喜欢抱着毛绒玩具过家家，男孩子则喜欢奥特曼打小怪兽。到了一定阶段，孩子就会从小时候的玩伴中挑选、寻找和自己有着共同话题的朋友。他们会因为喜欢某个故事主人公而有着聊不完的话题，也会因为没有共同的爱好而分道扬镳。

作为家长，没有必要去限制他们，更不要将自己认为"有益"的友谊强行"塞"给孩子。他们会通过自己的方式来建立友谊和发现朋友。这样孩子的沟通能力、社交能力就会在无形中变得越来越强，从而收获一生的友谊，今后的人生道路也会越来越宽广。

8. 一个人与很多人

现在很多孩子都是独生子女。在他们的生活中，基本上不需要和家庭成员以外的人交往，他们以自我为中心，也不愿意与人合作，"任性""自私"变成了他们的代名词，这也在很大程度上导致了孩子进入学校后成为"问题小孩"，走上社会后变成"问题少年"。

心理学家A.阿德勒曾说："一个不懂得与人合作的孩子，一定会慢慢变得孤僻，并且滋生出自卑情绪，他的一生都因此受到不利影响。"

身为家长，如何利用现有环境，趋利避害，引导孩子乐于与人相处，与人合作呢？

第一，创造机会，让孩子在"冲突"中学会合作。

墩墩和憨憨是邻居。有一次两个小孩一起玩乐高积木，开始的时候各自玩各自的，一个搭建轮船，一个搭建飞机。玩着玩着，两个人因为都要用同一块底板发生了冲突，互不相让。这个时候，墩墩的爸爸走过来，对他们说："看得出来，你们都需要底板，有没有一个好的办法，让你们两个都拥有底板呢？你们要不要试着把轮船和飞机组装起来，这样就会变成更强大

的航空母舰！"听到这个建议，两个小孩顿时来了兴趣，开始一起商量组装的事情。最终，在他俩的合作下，一艘完美的航空母舰诞生了！

　　小朋友往往理解不了什么是合作，与其不停地说"你们要学会分享，要学会合作"，不如直接让他们体验一把合作的乐趣，在矛盾冲突中学会只有共享、合作才能解决问题，从而真正领悟到合作的益处和必要性，在无形中掌握合作的技巧。

　　第二，参加集体运动，激发孩子的合作精神。

　　有一个很有意思的游戏，叫"人工桥"。游戏是这样制定的：参加游戏的所有孩子都弓下腰，手拉着手，搭成一座长长的人工桥，然后让同组的其他成员从桥上走过去。如果这个小组的人工桥没有塌，而且人也跑过了桥，他们就算获得了胜利。

这是一个非常考验孩子之间亲密合作的游戏，也许很多父母会觉得这样很危险，也不舍得让自己的孩子被人踩，但不可否认的是，孩子从这个游戏中激发出来的合作精神是很难得的。

当然，除了这种游戏以外，家长也可以让孩子参加一些类似于踢毽子、踢足球、打篮球等集体运动，这些都可以让孩子在玩的过程中学会合作，理解真正意义上的集体协作精神。

第四章

再见100分，不让学习成为负担

　　所有的家长都希望孩子考100分。关注孩子的成绩没错，但如果将孩子的学习能力、兴趣扔在一边，仅仅把目标定在满分，那便是大错特错。学习要遵循儿童的发育规律，先培养出学习兴趣，再让孩子掌握学习方法。有了这两点作为保障，孩子的学习之路才会越走越平坦。

1. 学习是件有趣的事情

人们常用"好好学习，天天向上"来鼓励莘莘学子勤学上进。然而，根据一项调查研究显示：喜欢学习的小学生占66.1%，初中生仅占37.6%，高中生则更少。

由此可见，小时候大部分的孩子是喜欢学习的，但不顾孩子的天性，过度施压，会导致孩子讨厌学习。所以需要父母和老师等按照孩子的天性，将学习与玩耍有机结合，从玩耍中激发出孩子的学习兴趣。

第一，用孩子的兴趣做"药引"。

烁烁最喜欢工程车。他每天放学回家先摆弄各种工程车。一旦让他去看书，他就开始磨磨蹭蹭，讲条件，这让烁烁妈妈很是头疼。一次，妈妈在跟一位老师聊天时谈到烁烁的问题，老师就传授给烁烁妈妈一种方法：那就是买各种工程车的书给孩子看。没想到，这种方法竟然特别好用。没过多久，烁烁的兴趣点就转移到了书上，通过看工程车的书，不仅认识了好多字，专注力也提升了。

"兴趣是最好的老师！"任何一个孩子都有自己感兴趣的事情，有可能是某种玩具，也有可能是某种乐器，还有可能是某种游戏。表面上看，这些都与正儿八经的学习没有任何关系，但是，只要家长能够开动脑筋，就能将孩子的兴趣转化成为学习的兴趣，也更容易让孩子发现学习其实并不无聊，反而觉得通过学习能够了解更多有趣的事情，进而让孩子爱上学习！

第二，停止施压，避免孩子产生厌学情绪。

曾经有一位名师在开座谈会的时候说："如果学生在学习的过程中，背负了太多与学习无关的东西，就会使这个学生垮掉，如果我们忽视了学习的快乐，一味地探讨学习之外的压力，就会让学习变得无味！"

也就是说，学习本来就是学习各种知识和技能。作为家长如果不停地给孩子施加太多的压力，如强调分数、名次等，就会让孩子在学习以外的事情上分心，最终导致他们无法全心全意地投入学习中，久而久之，还会产生厌学情绪。因此，这就需要家长改变现有的教育思维，停止施压。

没有不爱学习的孩子，只有不会引导的父母。作为家长，只要找准了方法，就一定能够让孩子从学习中找到自己的乐趣和志向。

2. 成绩不等于个人成就

成绩不等于成就。一个人的成绩好坏并不是影响他成就高低的唯一因素，虽然成绩好是成功的一个基础，但如果没有坚持努力一样不会有成就。

那么，在孩子求学期间，做家长的应该如何教育孩子成为有成就的人，而不是一味地关注成绩呢？

第一，告诉孩子成绩不是评定一个人好坏的标准。

在一次期中考试中，天天因为数学考了60分很伤心，回到家大哭了一场。他对爸爸说："爸爸，我觉得我很差劲！"爸爸在了解情况后，对天天说："孩子，爸爸知道你现在心里很难过，因为觉得自己考试没有考好，不过在爸爸看来，

你一点儿不差，你是一个有上进心的孩子，这样就足够了。"
听到爸爸这样说，天天心情慢慢变好了。

　　作为家长，我们应该向天天爸爸学习，把眼光放长远点，
教育孩子不要因为一时的成绩好坏而否定自己、轻视自己，要
让孩子在一个有爱的环境中自信茁壮地成长。

　　第二，让孩子明确学习的目的。

　　影片《男保姆》中有这样一段经典对白：男主角问雇主的
三个女儿："孩子们，去学校干什么？"孩子们回答："学知
识。"男主角问："为什么要学知识？"孩子们回答："考大
学。"男主角问："为什么要考大学？"孩子们回答："为了
找到适合自己的工作。"男主角问："为什么要工作？"孩子
们回答："为了得到别人的尊重，为了不让人把自己当作路边
的小狗一样任意地打骂。"

男主角通过一步步地追问，让孩子们自己去思考学习的目的，从而自主选择学习，不得不说这是一个非常有意义的正面引导。一位清华大学的教育学者在演讲时说，清楚自己想要什么的孩子往往最有出息。因此，家长要引导孩子，不要为了学习而学习，而要带着明确的目标去学习，这样才能在成长道路上不迷茫。

3. 会玩的孩子更会学

现代社会教育竞争越来越激烈，更多的家长将这种焦虑映射到孩子身上，时刻想着孩子能不能多学点知识，认为玩就是耽误学习。事实真的如此吗？

实际上，有关脑力和体力结合的游戏，更能吸引孩子的参与感，让他们在玩的时候，不自觉地开动脑筋，带动其他方面发展，从而得到他们生长发育所需要的锻炼。而家长也能见到孩子在玩中展现出的天性，从而利用孩子天性中有潜力的那一部分加以引导，帮助他们在学习上也展现出相同的出色能力。

然而，一门心思地学习往往无法使孩子得到生长发育所需要的足够的锻炼。如果在这个时候，让孩子们充分而自由地玩耍，不仅有利于他们大脑的发育，也更有利于学习能力的培养。

第一，聪明的孩子对一切事物都感兴趣，玩就是学。

琪琪很聪明，还没上一年级就认识很多字，很多家长都去问琪琪妈妈是怎么教的。琪琪妈妈面露难色说："我从来就没有教过他认字。"大家很是怀疑，还以为琪琪妈妈故意不透露呢！不过事情的真相还是由琪琪奶奶揭露了，她跟邻居们说："我家孙子对啥都好奇，儿媳也特别爱玩，于是就带着孩子到处玩，这个景点叫什么，孩子要问一问，那个火车是开往哪里的，孩子也要问一问，没想到，孩子边走边学就认识了很多字。"

教育学家陶行知曾说过："行是知之始，知是行之成。"意指实践才是获得知识的必经之路，只有实践才能出真知。喜欢玩、会玩的孩子一般都是乐观开朗、富有想象力和创造力的，他们具有强烈的自我发展倾向，家长们完全不用担心孩子一心只顾玩，不好好学习。孩子们正是通过玩来还原生活常识，探索学习知识，在玩中学，在玩中悟，从而收获更多。

第二，给足孩子"精神食粮"，让他们尽情地玩够。

由于特殊原因，学校线下课改为线上网课，乐宝妈妈很是烦恼。不过，在此期间，乐宝妈妈却发现一个很有意思的现象。事情是这样的，每天上午乐宝上完网课后，妈妈就带着他出去跟小朋友玩，一直尽情玩到下午两三点，然后再回家写作业。但让妈妈奇怪的是，自从能够每天尽情玩耍后，写作业这一大难题，现在竟然丝毫不费劲儿了。乐宝不仅写作业的效率提高很多，并且错误率也降低不少。

这是什么原因呢？玩就是孩子们的精神食粮，玩使得孩子的运动细胞变得活跃，在运动细胞得到完全释放以后，他们心情很愉悦、精神很亢奋，专注力和记忆力就会得到很大的提高，在这种情况下，学习的效率自然也会提升。反之，一天到晚关在教室或者家里学习，不仅身心疲惫，压力也没有得到释放，效率自然很低。

孩子的童年说长不长，说短不短，但正是这样一段岁月，给孩子提供了玩耍的良机，让孩子尽情玩吧，玩得越尽兴，智力越发达。

4. 丢掉死记硬背，提高记忆能力

相对于"记住"，孩子更擅长"忘记"。对于学龄期的孩子而言，最不喜欢大概就是背诵课文。多数孩子不了解背诵方法，往往都是一味地死记硬背，一首唐诗、一篇课文往往要花好长的时间才能记住，不仅浪费时间，记忆也不牢固。

看过《最强大脑》节目的人可能会发现，那些最强大脑的选手并非记忆力超群，而是能够通过一些科学的方法来记住海量的信息。作为家长的您是否也该丢掉让孩子死记硬背的做法，通过有益的方法来帮助他们提升记忆力呢？

第一，让理解成为记忆的"垫脚石"。

在老师的要求下，宁宁每天要背诵一首唐诗。作为一个7岁的孩子，能把唐诗上的字认全都很困难，所以只能借助拼音来慢慢朗读、背诵，这让宁宁觉得很吃力，甚至有些反感。妈妈发现这个问题以后，就找到了一个小帮手——平板电脑，通过搜索唐诗相关的动画让宁宁先理解，再背诵，这样一来，宁宁不仅背诵得很快，并且对唐诗也产生了更浓厚的兴趣。

　　对于孩子而言，生活经验和认知本就不够丰富，再加上背诵内容中一些晦涩的词语，要快速记忆确实很难，如果没有足够的理解，不仅消耗了时间，也会将孩子的耐心消耗掉。因此，想要提高孩子的记忆力，首先要做的就是积极引导孩子通过思考或者更进一步地讨论，在理解的基础上增强认知和记忆，这样背诵才不会机械，也更有意思。

　　第二，让良好的生活习惯为记忆的提升"添砖加瓦"。

　　星期六的早上，新宝正在大声朗诵每天都读的《日有所诵》，但新宝妈妈发现这天有点不一样：平时读个一两遍就会背的，今天读了好多遍还是背不下来，到底怎么回事？原来是这样的，新宝在周五的晚上看了很久的漫画书，直到深夜 11 点才入睡，睡不饱导致第二天的学习完全不在状态。

新宝的情况就属于典型的睡眠不足导致短时记忆下降。一项研究结果显示，人体注意力的器官——大脑额叶皮质会受睡眠质量的影响，如果睡眠情况不佳，那么孩子的注意力和记忆力就会受到很大影响，就算是背诵简单的词语都会相对吃力。所以，养成良好的睡眠、生活习惯对于孩子记忆力至关重要。

需要提醒家长注意的是：不良的饮食习惯、单一的营养，也会导致孩子的记忆力下降。所以我们既要关注孩子的学习，更要给孩子准备营养丰富、多元化的美食，促进孩子脑细胞的生成，加快神经中枢之间的信息传递，从而提高孩子的记忆力。

5.更好的成绩是超越自己

如果将孩子的人生比作一场长跑，短时间内让他跑完5000米，难上加难！但如果每天让他跑500米，一直坚持下去，不久就会发现，您的孩子已经可以轻松地完成这个长跑了，当然，最好每天比昨天更努力一点儿。

孩子的每一天都是崭新的开始，每天都在面对不同的事情，接受新鲜事物，可能还会遭受挫折。新的一天还是会到来，对于孩子这一趟永不回头的列车而言，路上最大的敌人，往往不是别人，而是自己。每天超越昨天的自己一点点，就是人生最大的胜利。

第一，不给孩子贴标签，适当采用善意的谎言。

有一部短视频讲述的是一位母亲教育孩子的故事。每当孩子训练的时候，教练总是跟这位母亲说孩子基础不好。但孩子问妈妈教练说了什么的时候，妈妈总会说："教练说你很努力！"可孩子经过努力，训练课程还是赶不上其他的伙伴。这个时候，母亲就会跟他说："没关系，努力去超过前面那个自己就好了！"

虽然视频中的这位母亲也在不停地做思想斗争，思考自己这种做法到底对不对。后来在赛场上，孩子看到观众席上妈妈为自己加油打气，又想到了曾经努力的自己，于是忘乎所以地投入到最后的比赛，终于为团队赢得了关键的一分。

心理学家本杰明·布鲁姆认为，许多学生在学习中未能取得优异成绩，主要问题不是学生智慧的欠缺，而是由于未得到适当的教学和合理的帮助。相对于不停唠叨孩子要努力，去鼓励孩子形成不停超越自己的思维更有实际意义。这才是在尊重孩子真实水平的基础上更合理的帮助，即便在这个过程中要说一些善意的谎言，也是无伤大雅的。

第二，日复一日，积跬步至千里。

已经上二年级的米米每次速算都用手指瓣着算，这让她的

父母很着急,为了寻找好的方法,米米的爸妈寻求了老师的帮助。老师教给他们一个方法:给米米准备一个速算本,每天让米米写5分钟,不多不少,让他自己记住前一天写了多少,第二天写了多少,每天只多写一题都是进步。米米的爸妈按照这个方法,坚持了两个月。结果,功夫不负有心人,米米的速算进步很大。

中国古代思想家荀子在《劝学》里有云:"不积跬步,无以至千里;不积小流,无以成江海。"这说的正是不断积累、不断努力超越的过程。当然,在这个过程中,需要家长跟孩子共同努力,父母应该告诉孩子,我们可以慢一点儿,但前进就是好的;我们可以差一点儿,但进步就是好的。

6. 不限制读书范围，给孩子阅读的自由

为了让孩子能够阅读更多的书籍，家长们费尽心思，不停地给他们灌输"读书好、读书有益"的思想，并且花大量的工夫给孩子精挑细选自己觉得有用的图书，但往往忽略了最重要的一点：读书，是孩子自己的事情。

南京师范大学虞永平教授曾指出："阅读不是成人对儿童的恩赐，不是儿童生活中可有可无的一件事，阅读是儿童内在的需要，也是儿童的权利。"也就是说，读什么书应该由孩子自己选择，而不是由父母决定。

孩子的阅读与成人的阅读有很大的区别，他们往往是游戏性的，并且喜欢在舒适的环境中阅读，有可能是趴着，也有可能是坐地上。但有的家长会因为这些小问题去责备孩子，在孩子正在阅读的兴头上去打断他们。这样做的后果就是，孩子的读书兴趣和专注力被破坏。如何尊重孩子的天性，顺势而为，让孩子有一个自由阅读的空间呢？

第一，自由选择，不给孩子规定阅读时间。

寒假时，源源的老师给家长发了一张意见清单，其中包含了各种推荐书目、建议阅读时间等，为了完成老师规定的任务，

源源妈妈照单全收，规定每天早8点、晚7点都是孩子的阅读时间。而源源最喜欢读的小牛顿科学馆系列，也被强制替换成老师推荐的必读书目。就这样过了一个月，原本可以每天自己阅读一两个小时课外图书的源源，被这种强制性的规定弄得很厌烦，甚至跟妈妈说，再也不想看书了。

阅读时，尤其是读到精彩部分的时候，孩子会像被磁铁吸住一样，沉迷其中，完全不受时间限制。但是他们也有自己不想阅读的时候。譬如晚上7点，源源想要观看动画片，此时的他根本没心思看书。如果家长一味地去强迫孩子按照老师规定的时间阅读，即便孩子能完成要求，也只是一台阅读机器，不能上心，无形中浪费了宝贵的时间，甚至会让孩子出现厌烦情绪，就会适得其反。聪明的做法就是尊重孩子的阅读时间，不设限、不强迫。

第二，少些功利，不给孩子增加阅读负担。

打击孩子阅读积极性的很大一个因素就是带目的性的阅读。因为功利性太强，让孩子在阅读的同时去完成任务，这无疑加重了孩子的心理负担，让本来喜欢阅读的他们积极性一下消失殆尽。

为了提高巍巍的阅读理解水平，妈妈每次都会要求他在读完一本书以后写下读后感，有时候还规定字数。刚开始的时候，巍巍勉为其难地写了，可是越往后，这种附加题就越让他反感。为了逃避写读后感，巍巍直接找理由出门，不在

家里看书了。

　　没有谁规定读书一定要写读后感，一定要全本读完。如果孩子读了几页，觉得没意思，他完全有弃读的权利，因为他们现在读不懂的、不感兴趣的书目，可能在两年后就会读懂、会感兴趣。所以，请尊重孩子的阅读兴趣和阅读习惯，让他们为了喜欢而阅读，而不只是为了读书去阅读，给予孩子充分的阅读自由，才能让他们从中收获更多。

第五章

好的陪伴，是与孩子一起成长

　　任何一个家长都有为人父母的忐忑和焦虑，既想给孩子最好的物质生活，又想时时刻刻陪在他身边，不错过他的每一次特别的成长。其实，孩子有自己的成长轨迹，物质需求可能并不多，家长想给孩子的山珍海味、乐高与洋娃娃有时只是自己的一厢情愿，孩子更想要的是父母与他一起踢球、一起散步、一起读书的温暖陪伴。

1. 相信孩子才是更好的爱

古语有云："父母之爱子，则为之计深远。"意思是说父母如果真的爱自己的孩子，就要为孩子的长远做考虑。这是一句值得父母深思的话。

为人父母，爱自己的孩子无可厚非。但无论有多爱，都无法陪伴他走完下半场的人生道路，无法全权为他代劳，更没办法帮助孩子解决所有的人生困惑。

父母唯一能做的，就是把自己的人生经验传授给孩子，也要相信孩子内在成长的力量，学会放手，让他学会正确的做人做事方法，让他们有能力去独立接管自己的生活，成为独当一面的人。

第一，让孩子自己去选择，自己去判断。

曾经有一位主持人，讲述自己跟女儿的相处经验，他说：有一次他给女儿买了一件新衣服，女儿非常喜欢，总穿它。但后来天气越来越热，女儿还是要穿它。这个时候，自己并没有阻止，而是顺从女儿的意思。等到她自己穿出去热得满头大汗，

才主动要求换掉。

这种事情其实经常发生在父母与孩子的相处过程中，甚至网络将其总结成"妈妈（爸爸）觉得你冷"或"姥姥（奶奶）觉得你冷"。其实，孩子有自己的想法，也有自己的判断，父母如果一开始就阻止孩子自己去选择，那结果就是双方僵持或者一方压倒另一方。相反，如果让孩子自己去选择，他通过实践发现原来这种选择是错误的，也可以及时纠正自己，还能避免再次犯同样的错误。所以，学着做能等待的父母，适时忍一忍、缓一缓，给孩子时间，让孩子自己抉择。

第二，不用自己的判断来干扰孩子。

夏天，喜宝跟着爸爸妈妈去植物园玩。当他们走到荷花池边时，看到满池盛开的荷花，喜宝开心坏了，刚刚准备用手去触碰一下池边荷叶的尖尖角，可妈妈突然大声地喊道："喜宝，不能这样，小心掉下去！"他吓得赶快把手缩回来。但好想碰一下荷花的心情迫使他偷偷瞄着妈妈，趁妈妈不注意，赶紧摸了一下，然后心满意足地蹦跳着去其他地方探险了。

孩子对新鲜事物的好奇是天性使然，他们在好奇心地驱使下会去做一些大人觉得很危险的事情。这个时候，孩子考虑的并不是安全与否，而是好不好玩。但是，父母会在潜意识界定：如果做这个事情是危险的，就要将它扼杀在摇篮里。但结果怎样呢？孩子往往会走向两个极端：一种跟喜宝一样，不让我做的我非做；另一种是变得胆小，缺乏自信。所以，家长在给予孩子无条件爱的同时，不要过多地用自己的判断来干扰孩子，在保证安全的前提下给他们预留足够的空间，让他们学会成长。

2. 有效沟通，成为孩子的倾听者

很多家长经常会遇到这样的困惑，提醒孩子很多次的事情，孩子总是反复犯错。比如从衣柜拿出衣服后要把衣柜的门关好，上完厕所以后要把马桶盖盖好，孩子当时可能会说："好，我下次注意。"但下一次，依旧如故。

这是什么原因呢？主要是家长在与孩子沟通的过程中，花费了大量的时间在跟孩子讲废话，尤其在孩子犯错之后，没完没了地给孩子讲大道理，孩子根本就没有听进去，所以才会一而再、再而三地犯同样的错误，这就是无效沟通。所谓的有效沟通，是要找到关键点，如孩子为什么不喜欢盖马桶盖，可能你问过之后，他会委屈地跟你说："如果盖上，我就看不到臭臭是否被冲干净了。"原来孩子是想再次确认和检查。此时，你只需要针对这一点来跟孩子解释就可以了，这样做便是有效沟通。

孩子的世界和想法本来就很简单，如果家长一味地给孩子灌输太多无关紧要的信息，不抓住重点，那注定是一场无效的沟通，如何做才能让孩子听得懂，做得到呢？

第一，把主讲权让给孩子，用心倾听他们的想法。

曾经很火的一部电视剧《我的青春谁做主》中，妈妈一心一意想要把女儿培养成才，花费了大量的时间和金钱把孩子送到国外留学。结果，孩子却拿着妈妈给的学费和生活费回国开了一家餐厅，因为她特别热衷于厨艺。被蒙在鼓里的妈妈知道后犹如晴天霹雳，与自己的女儿发生了各种矛盾，但最终还是意识到自己的错误，也很后悔没有积极主动地倾听女儿的心声，让母女关系走了太多的弯路。

亲子沟通原本就是一个双向的行为，家长如果一味地站在自己的角度来阐述自己的观点，而没有以一个倾听者的姿态来关心孩子的想法，尊重他们的选择，那这样的沟通注定会失败。

　　不管在哪里，对孩子，还是对朋友亲人，认真倾听的能力本就可贵。听孩子讲述他的见闻，听他倾诉心中的烦恼。这对孩子而言，比什么都珍贵的是陪伴。

　　第二，不吝惜你的语言，学会赞美孩子。

　　麦麦是个一年级的小学生，周末往往比平时上学起得更早，因为他喜欢去父母的床上跟妈妈腻歪一会儿，但这就使得父母不得不在周末还得早起陪孩子。

　　有一个周六，麦麦起床后没有像往常一样去吵醒爸爸妈妈，而是自己安静看书、写作业。麦麦的妈妈很高兴，起床后对他

说："宝贝，妈妈觉得你今天早上做了一件非常了不起的事情，起床后没有打扰爸爸妈妈。这一定挺难的吧，需要很强的控制力，是吗？"麦麦说："当然，我知道什么是控制力，就是我知道爸爸妈妈很辛苦，需要周末时多睡一会儿，所以我悄悄地起床，不发出声音。"从那以后，麦麦也一直坚持起床后做自己的事，不去打扰父母。

我们给孩子的赞美和表扬不应该只有"你好棒"或"真厉害"，对孩子的赞美可以发生在生活的各个方面，只要你及时观察和发现孩子的优点和长处，哪怕是一丁点儿的改变，都要给予肯定和表扬。这样就能以此为突破口，为有效的亲子沟通交流创造一个良好的条件，也能让孩子在肯定与自信中逐渐改掉以往的不良行为，变得越来越好。

3.行万里路，感受大自然的美好

随着社会竞争越来越激烈，很多家长越来越焦虑，恨不得从孩子刚刚说话就教他们学英语、认字。但过早地让孩子学习知识，不仅不利于孩子将来的学习，反而会揠苗助长，影响孩子的智力发育。

与其让他们埋头于各种课后辅导中，还不如抽时间带孩子去感受下大自然的鬼斧神工，开阔孩子的视野，提升孩子的格局，让孩子养成独立自主的良好品格。

第一，走进大自然，远离"大自然缺失症"。

孩子的天性都是向往自由、喜欢玩耍和亲近大自然的，但过重的学习压力让孩子们失去了很多到户外亲近大自然的机会。

除去盯着书本、写作业的时间，很多孩子的娱乐往往是看电视、玩游戏，不仅影响视力，还会因为缺乏运动、光照导致身体免疫力下降。更为严重的是：当孩子整天在教室学习，长时间不运动，就很容易造成晚上要睡觉时，大脑疲惫而小脑兴奋，很长时间睡不着，久而久之，就会对孩子的大脑和神经系统产生影响。一个长久不跟大自然亲密接触的孩子，往往对大自然的风景和变化无动于衷，甚至会觉得无聊、没意思，这其实就说明了孩子的内心已经充满了压抑。

某位名人曾说过："大自然的每一个领域都堪称精美绝伦。大自然不仅有无限的美丽，还能够平复我们焦躁的内心，更有益于孩子们健康成长。"如果你希望自己的孩子有一个强壮的体魄、健康的心灵，那就陪他走入大自然的训练场吧。

第二，在大自然中培养孩子善于发现美的眼睛。

一个春季的早晨，阳光明媚，欢欢的爸爸妈妈决定带孩子去植物园看看花草树木，感受下春天的气息，这让欢欢非常兴奋。来到植物园后，欢欢对所有的花花草草都很感兴趣，不停地问爸爸妈妈各种问题。后来在一片小草丛中，欢欢停下脚步，仔细观察。过了半天，他对妈妈说："妈妈，我看到了四叶草，

这是幸福的四叶草，不是三叶草哦。"妈妈顺着他问道："那你可以给妈妈讲解一下，它们两个有什么区别吗？"欢欢点点头，像个小老师一样，开始给妈妈普及四叶草和三叶草的区别。

大自然中处处都有惊喜，处处都有发现，不同的地方有不同的风景，一花一木皆有着它们各自的特点，而每个孩子天生就有一双能够发现美的眼睛，很多时候却被父母忽视了，没有给他们创造更多观察大自然的机会。

所以，家长一定要陪着孩子多去接触山川河流、苍松翠柏、飞禽走兽、五谷六畜，让孩子返回自然，亲近自然，在对自然事物的审美感受中，得到美的熏陶和教育。

4. 一起读书，低成本高回报的陪伴方法

陪伴孩子的方式有很多种，陪孩子一起玩游戏，带孩子做运动，带孩子远足旅行，陪孩子一起阅读等。对于年龄较小的孩子来说，亲子阅读是成本最低、回报最高的教育投资。

通过亲子阅读，父母不仅可以和孩子共同学习无穷无尽的知识，更能促进双方的心灵沟通。除此之外，亲子阅读还能培养孩子养成良好的且终身受益的阅读习惯，一举多得。

但是在陪孩子一起阅读的时候，也有一些需要注意的事项：

第一，讲解要绘声绘色，加深孩子对书本的理解。

鹏鹏妈妈很注重培养孩子的阅读习惯，每天都坚持给孩子讲绘本，并每周参加一次由绘本馆举办的"故事秀"。有一次，鹏鹏听绘本老师讲的《一棵青菜成了精》，他听得津津有味，完全沉浸在其中，与平时妈妈给他讲绘本时三心二意的状态特别不一样。

"故事秀"后，老师向家长们介绍讲故事的经验时说："您在给孩子讲绘本的时候，可以将人物角色加进去，变换声音，在里面提到唱歌的时候，您也可以根据绘本内容编一首歌曲，这样会让绘本故事变得更加精彩，孩子的兴趣也更浓。"鹏鹏

妈妈听了老师的话，觉得受益颇多。

对于孩子来说，他们专注于一件事情的时间是非常有限的，如果想让孩子全神贯注地将一本故事听完，并理解故事情节，这就非常考验父母的本领。一字一句照本宣科肯定是没有太大作用的，只有生动的语言、逼真的表情、声情并茂并富有趣味性的表演才能增强绘本故事对孩子的感染力，激发他们的感知、联想和记忆，这才是更有效的亲子阅读。

第二，增进理解，和孩子一起交流绘本内容。

糯米上幼儿园中班，平时很喜欢看书，但每次拿到一本书就是从头翻到尾，草草看完后立马换另外一本。这让糯米妈妈很困惑，孩子明明爱看书，却只是囫囵吞枣。让她把故事的内容说出来，她完全不会。后来，糯米妈妈换了一种方式，和女儿一起看，看完后和女儿一起复述故事情节，并通过提问的方式让孩子加深对重要事件的记忆。时间久了，糯米的语言表达能力有了很大的进步。

阅读时使用复述法是最能训练孩子语言表达能力的一种方法，不仅如此，还能锻炼他们思维的完整性和严密性。除此之外，还有一些其他的方法，如巧设疑问法、鼓励提问法等，利用故事情节巧妙设置问题，引导孩子思考，鼓励孩子从故事中寻找问题，让他们展开想象的翅膀，追问故事后续发展等。总之，阅读的方法千千万万，只要是陪在孩子身边，跟孩子一起翻开书，津津有味地读下去，便是最有收获的陪伴。

5.向孩子承认错误，你能做到吗

在孩子的成长过程中，可不只有母慈子孝，更多可能是鸡飞狗跳的误解与矛盾。生活中，如果孩子犯了错，家长往往会第一时间站出来让孩子主动承认错误并道歉。但假如家长犯错了，却少有跟孩子道歉的。为什么？多数家长会说，家里都是自己说了算，如果向孩子道歉了，那自己的权威就没有了，孩子就可以随时挑战自己，更加不好管理。真的是这样吗？

"人非圣贤，孰能无过。"所有人都会犯错，老师不例外，家长也不例外。主动承认错误，才能让孩子知道犯错并不是罪大恶极，只是人生中的一种经历。

事实上，在一段亲子关系中，比起家长给孩子的承诺，孩子更在意家长的态度。只有主动承认错误，才能让双方的关系得到明显的改善，也能让孩子更勇敢、自信的面对自己，及时纠正自我行为。当然，在家长主动承认错误的时候，也需要一些技巧。

第一，还原事实真相，诚恳表达自己的态度。

心心很喜欢画画。一天，他在书桌上画画，画得很投入，妈妈过来看到书桌上脏了一大片，便不高兴地对心心说："你画画就画画，怎么能在书桌上瞎搞呢？"心心委屈地哭了，说道："妈妈，我不是故意的，这是我画的时候不小心洒在上面的。"妈妈知道自己错怪了孩子，却并没有道歉，只是说了一句："那好吧，下次注意啊！"这种轻慢的态度彻底伤了心心，他越哭声音越大，对妈妈大喊道："你不信任我，总是冤枉我。"心心妈妈这时才意识到事情的严重性，赶紧弯下腰，搂住心心安慰他，并跟孩子诚恳地道了歉。

孩子的认知并非家长想象的那么简单，他们能够分辨是非对错，尤其是在对待自己的事情时，他们更加较真儿。此时心心妈妈应该第一时间还原事实真相，诚恳地向孩子承认自己的错误，说一句："对不起，是妈妈错怪你了，妈妈跟你道歉。"只有站在一个平等、公正的立场上对待孩子，孩子才能获得更强的安全感，以后也会照着家长的样子为人处世。

第二，巧妙解决，用行动来向孩子表达歉意。

如果家长实在觉得直接向孩子道歉拉不下面子，可以尝试一些其他的方法，用行动来向孩子表达歉意。

首先，可以将自己想说的话用文字写下来或者画下来，放在孩子看得见的地方，这种方式也能让孩子感受到自己父母的态度，也能慢慢地理解并选择原谅。

其次，家长还可以在自己错怪孩子的时候，用身体语言表达出歉意，如一个简单的拥抱和一个轻轻的抚摸，孩子都能感受到家长的内心想法，也能明白道歉还有另外的表达方式。暂时放下面子，打开心扉，向孩子坦陈自己的过失。对于孩子而言，这比一起读本书、看场电影更有意义。

最后，如果孩子选择暂时不原谅父母，也不要强行地要求孩子谅解，尊重他的决定是不再激化矛盾的最好方法。给孩子留一些情绪缓冲的时间，在日常生活中改变自己的行为，给孩子更多关心和爱护，让他们修复好内心的创伤再选择谅解。

6. 及时补位，不做缺失的父亲

曾经有一篇很有意思的报道：某小学因每次开家长会都是妈妈参加，为了能够让爸爸参与到孩子的教育中来，学校专门为爸爸们举办了一次家长会，要求每位学生的爸爸一定出席。虽然学校在通知中反复强调一定要爸爸来参加，最后还是只有30%的爸爸到场了。

大多数家庭模式往往男主外、女主内，因此，越来越多的家庭陷入了同样的困局：焦虑的母亲、失控的孩子、缺失的父亲。很多爸爸以工作为借口逃避家庭责任，从家庭重要角色转变为一个影子、一个称呼，无论是情感还是陪伴，都不到位。这让更多的妈妈越来越焦虑，脾气越来越大，孩子自然也好不到哪里去，问题更是层出不穷。如何逃出这种怪圈呢？

第一，爸爸归位，在家庭中找寻存在感。

某电视剧还原了一个全职妈妈独自带娃的日常，一边是连上厕所的时间都没有的崩溃妈妈，一边是总在外应酬的忙碌爸爸。40岁濒临离婚的边缘，但一觉醒来后，却发现重回20岁，重走人生路，寻找自己忽略的、失去的和遗忘的事物，最终重拾幸福。

可惜现实生活不是电视剧，没有倒退键，也没有时光穿梭机，一旦错过便会造成无法弥补的伤害。对于爸爸们而言，工作不是一切，在家庭中一定要有存在感，不要一味地将所有的精力都放在工作上，更不要用工作来麻痹自己，逃避生活中的一地鸡毛；应该多回家陪孩子吃饭，玩会儿互动游戏，这样才能让孩子在一个温暖而健康的环境中成长。

第二，父母要相互尊重，相互喜爱。

托尔斯泰在《安娜·卡列尼娜》的开篇中写道：幸福的家庭都是相似的，不幸的家庭各有各的不幸。一句话便囊括了家庭中的千姿百态。著名的婚姻问题专家艾默生·艾格里奇在三十多年的婚姻咨询工作中，发现了检验家庭与婚姻的真谛，就是爱与尊重。

一个家庭最好的状态就是：爸爸妈妈相爱，也都爱孩子，孩子在爱与被爱中成长。虽然孩子是一个独立的个体，但是父母的爱，尤其是爸爸的爱，可以让孩子更积极、阳光，也能让孩子在消极、低落的时候，更勇敢地走出负面情绪。

　　除此之外，爸爸给予妈妈的爱和尊重也是孩子健康成长的关键，只有妈妈感觉到幸福，整个家庭才能更加欢乐，孩子的心理才更健康。父亲的爱像阳光和大树，是生命成长不可缺少的养分。父亲的陪伴是肆意的奔跑和爽朗的交谈，能让孩子更加自信和独立，更具责任感和上进心。

7. 二胎家庭的"喜乐哀愁"

　　伴随着二胎政策的开放，更多的家庭选择了再生一个，让本来独生子的老大不再孤单，也希望两个孩子成人后，能多一个人帮忙分担生活的烦恼。然而，生完之后呢？矛盾冲突却一天都没有停止过。

　　老大、老二会因为父母回家先叫谁而争风吃醋，会因为给谁买了东西而没给另外一个买而闹脾气。每天面对手足冲突，精力再好的父母都会难免情绪失控，也不禁会发出这样的感叹：只有两个孩子在一起友好相处的那么一瞬间，觉得画面真和谐，生两个是一个正确的抉择；其他时候，尽是鸡飞狗跳，恨不得将其中一个"退货"。

家有俩宝的父母确实会面对正常人无法想象的问题和压力，但在教育子女方面，夫妻双方需要有一个正确的认知和共识。

第一，平等才是和谐相处的关键。

柯柯和圆圆是一对相差4岁的亲兄弟，老大柯柯6岁了，在老二没有出生之前柯柯是全家人的掌中宝。老二出生后，柯柯感觉自己的地位有所撼动，也变得有点乖戾。有一天，柯柯穿着他的新裤子趴在地上玩，奶奶就对他说："柯柯，你爱惜点哦，不要把裤子搞坏了，以后还可以留给弟弟穿。"当时的柯柯没有吱声，却自己躲进屋子里待了半天，不多久出来后，裤子上竟然破了两个洞，奶奶问他怎么回事，柯柯理直气壮地说："是我剪的，我不想给弟弟穿。"奶奶一边唠叨说柯柯不懂事，一边寻找针线，准备帮他缝裤子。

心理学家阿德勒曾提出：出生次序会影响个体的生活风格。长子和长女在头几年中会享受到家中独生子女的优越身份，等到弟妹出生后，力图保持自己先前的权威和特权。也正是这样，老大往往会做出一些异常行为，尤其当家长对他提出了类似于"要分享""谦让""留给弟弟妹妹"的要求后，老大更会觉得心里委屈和不安。所以，家长应该给予孩子更平等的爱和尊重，不要因为老二年龄小就一味地维护他，也不要因为老大年龄大就要求他理所当然地谦让，只有站在公正、公平的立场，才能促进孩子之间的和睦相处。

第二，正面教育，拒绝比较。

悠悠和乐乐是两姐妹，性格完全不同，悠悠是姐姐，文静内向；乐乐是妹妹，活泼开朗，这也注定乐乐在家里讨喜很多。有一次爷爷来看姐妹俩，乐乐看到爷爷进来，赶紧跟爷爷打招呼，亲昵地说"爷爷好"。悠悠则远远站着，爸爸看到后对悠悠说："悠悠，叫爷爷啊，你看妹妹都叫了。"本来站在门口的悠悠听到爸爸的话后，立马头一扭，跑回自己房间把门关上了。这使爸爸极为恼火，打算进屋去教训悠悠一顿，但被妈妈拦住了。"你直接告诉悠悠要跟爷爷打招呼就好了，你不要拿妹妹跟她做比较嘛！"妈妈的一句话让爸爸醍醐灌顶。

有两个孩子的家庭，大宝和二宝的性格有所不同很正常，并且多数情况下，老二情商会更高一些，他们更乐于与人交往，这是他们出生的环境决定的，他们要在原本的三口之家中寻得自己的地位，也注定会更懂得人情世故。

作为父母，千万不能将这种性格上的优缺点当着孩子的面进行比较。孩子是非常敏感的，一旦出现了比较的词语，他们容易产生失衡感，觉得父母偏爱另一方，无形中就增加了两个孩子之间的矛盾。正确的做法是：就事论事，不比较，不偏袒，同时，为孩子们提供更多锻炼和协作的机会，让他们在一起做事的过程中，体会手足间的温情，感受到兄弟姐妹在一起才能拥有的喜悦感与幸福感。

第六章

给孩子自由，让他享受放养的快乐

每一个孩子都是一朵含苞待放的花朵，盲目的管制只会让孩子这朵花儿的天性凋零，将孩子独特的禀赋扼杀在摇篮中。最好的教育方式就是腾出空间、留出时间，让孩子不紧不慢、自由自在地快乐成长，这就是放养的真谛。

1. 支持与鼓励，成长路上的必胜法宝

我们曾做了一项实验，邀请90多名4岁至7岁的孩子参加。实验过程中，工作人员在房间摆放了一个精美的盒子，并告诉孩子，只要他们静坐8分钟，就可以得到礼物。妈妈们应邀与孩子一同参与，事先她们填写了一份相当复杂的表格。工作人员就妈妈对孩子的态度进行了观察，结果发现，被妈妈安抚、鼓励的孩子更为安静，压力也更小，相反，被妈妈打骂、轻视的孩子则更加焦躁不安。

在支持和鼓励中长大的孩子，往往更加自信，愿意花更多的时间和精力去完成更为艰巨的任务，也更容易在今后的学习、生活和工作中取得成绩。

作为家长，积极摸索孩子的性格特征、喜好，采取正确、温和的方式去支持和鼓励孩子，往往能改变孩子的命运。

第一，即使他人不认可，也要相信孩子。

曾被《时代周刊》评选为20世纪"世纪伟人"的爱因斯坦，5岁的时候还不太会说话，在旁人的眼里，他并不是一个聪明的孩子，还因为经常提出一些稀奇古怪的问题，让人觉得他是低能儿。求学期间，也曾被学校的教导主任勒令退学。然而，

父母在他的成长道路上一直相信他，给予他支持和鼓励，循循善诱地帮助他成长，保护他的气质和天赋在没有发挥出来之前不受外界各种因素的影响。

童话大王郑渊洁曾说："人性的本质是渴望欣赏，孩子尤其渴望欣赏，欣赏能让孩子长成参天大树，贬低则让孩子枯萎畸形。"每个孩子都有自己的个性，有时候这些个性可能会显得与周围的环境格格不入，这个时候孩子们很容易怀疑自我。此时家长一定要认可孩子，给予他支持和鼓励，这样才能消除他的困惑和自卑，才能在孩子的成长道路上另辟蹊径，开启孩子非凡的人生。

第二，掌握技巧，成为"支持型"父母。

在一次考试中，小营得了 60 分，心里特别难受，想着回家以后肯定会挨骂，无奈还是硬着头皮回家了。但结果与小营

想象得完全不一样，爸爸并没有骂他，而是带他去自己工作的地方转了一圈，站在工地上，看工人顶着炎炎烈日汗流浃背地在搬运。爸爸跟小营一边走一边谈心，最后告诉他："分数不代表什么，但是分数越高，你以后的选择权就会多一些，反之，你大概率去做体力工作者，会很累，工作条件也相对恶劣。至于你要怎么选择，自己做决定，爸爸都支持你。"这番话让小营感受深刻，每当他又对学习产生倦怠感时，便会回味一下爸爸的教诲。

自始至终，小营爸爸的话语里面没有任何一句责备和说教，但起到的作用却比千言万语更有效。当孩子在某些方面遇到麻烦或感觉困惑时，父母们千万不要长篇大论地发表自己的亲身见解，只需适当地给予孩子一些有技巧的建议，其余就是无条件的支持与发自真心的鼓励。至于孩子要经过多久才会醒悟，或通过哪些事情才能醒悟，这都要由他自己在成长中慢慢完成。

2. 在安全的前提下，自己去试试

心理学家桑代克曾经进行过一项研究：他将一只猫关进笼子，通过一系列的实验让猫知道如何开门。经过多次实验后，猫不断地尝试，慢慢就清楚了如何快速地给自己开门。在此基础上，他提出了"试误说"理论，即：动物的学习方式就是通过反复尝试错误，从而获得经验，最后获得成功。

当然，这种方式对于孩子来说也一样。在保证安全的前提下，让孩子不停地尝试。在反复的错误中获得成功，远远要比在父母寸步不离的保护中，在父母全权代劳下，拥有更多喜悦。

第一，确保安全无误，让孩子尝试失败。

曾经有一个很火的视频得到了许多家长的点赞：一个1岁左右的小孩还不太会走路，妈妈把他放在床上睡觉，等孩子睡着后便去忙自己的事情。不过，孩子的妈妈在房间地板上都铺设了地垫，以防孩子摔下受伤。

小孩睡醒后想下地拿玩具。他先是爬到床边，尝试性地慢慢往下滑，但发现自己的脚离地面有一点儿距离，试了很多次以后还是没成功着陆，他便爬到床头，拿起一个枕头扔到地上，借助枕头的高度，顺势着陆。全程没有家长的任何帮助。

也许很多家长会大吃一惊：孩子这么小，如果摔下来怎么办？但事实上，小宝宝成功了！试想，如果家长一旦参与这个过程，小孩便失去了一次自己探索安全下床方式的机会。如果我们在确保安全的前提下，能够大胆放手，让孩子自己去探索，去找到顺利着陆的窍门，这样他所获得的可不只是一次成功，而是勇敢且谨慎的作风和自己实践的本领。

第二，给孩子提供机会，做不会做的事。

2岁的小宝跟着妈妈在公园玩，看到哥哥姐姐们都在玩滑板车，就想去玩。妈妈开始不同意，但抵不过孩子的闹腾，最终跟另外一个小朋友借了一个滑板车让他去滑。妈妈担心危险，就想去扶着他滑，但被小宝拒绝了，无奈之下，妈妈只能紧紧地跟着，结果没滑几米，小宝就摔了个大马趴，平时特别爱哭鼻子的他竟然揉揉眼睛，笑嘻嘻地站起来了。又滑了几圈后，小宝竟神奇地学会了玩滑板车，这让妈妈几乎惊掉了下巴。

　　作为母亲，都希望自己的孩子少些磕碰，少些受伤。所以会第一时间出来阻止他们去做危险性高、没有做过的事情，但这往往会抹杀了孩子"雄心勃勃"的天性，从某种程度上也会导致孩子以后做事畏首畏尾。

　　我们所处的时代，更需要那些"不安于现状""勇于挑战自我"的人。一所培养了大量优秀人才的大学对学生的基本要求就是：做你不会做的事。家长们，请放心大胆地给孩子多提供机会，让他们自由自在地去尝试，自由自在地去挑战。孩子们本心并不想成为温室中的花朵，他们需要经历风吹雨打和烈日曝晒，才能成长为粗壮又坚韧的小树苗。

3. 不做强势的父母，给孩子充分自由

有调查显示，在孩子一生中起到主导作用的往往不是他们的智力，更多的是他们的创造力、想象力、适应能力等，而这就是大家口中常说的"个性"。

然而，现实生活中，我们看到的更多例子是：父母在和孩子交流的过程中，常以一种不容置疑的态度和语气去要求孩子，让孩子没有一点儿反驳的机会，而孩子则像一个任人宰割的"羔羊"，屈服于父母的威严之下，没有任何话语权。当孩子变得听话，也在一定程度上意味着，他的个性消失了。

第一，尊重孩子的个性，陪着他"天马行空"。

作为"登月第一人"的阿姆斯特朗在 6 岁的时候，妈妈给他做了一件新衣服，他穿上以后就冲到院子里蹦跳，然后一身泥水地跑回家，大声地跟正在做饭的妈妈说："我要跳到月球上去。"妈妈并没有责备他把新衣服弄脏，而温柔地说："可以，但你别忘了从月球上回来后，要回家吃饭！"时隔 33 年，阿姆斯特朗真的实现了儿时的愿望。当他从月球上返回来的时

候，记者们问他当时最想说的话是什么，他回答说："我想对我妈妈说，我从月球上回来了，我会准时回家吃饭的！"

　　父母的爱是伟大的，但错误的、有强制力的爱却有着致命的杀伤力。更多的时候，我们要懂得精心呵护孩子与生俱来的好奇心、与众不同的个性、天马行空的梦想。不做强势的父母，不提强制的要求，这样才能不磨灭孩子的天性，让他们成为更优秀的自己。

　　第二，不把自己的喜好强加到孩子身上，让他自己去选择。

　　一位女演员曾在一档节目中分享她的育儿经历：一次，她带着孩子去逛街。在一家商场里看到一双很花哨的鞋子，自己觉得特别好看，于是重金买下。回家后，她想让孩子穿上，但

孩子表现得特别不情愿，折腾好久都不穿。最后，甚至哭着对她说："妈妈，为什么你可以选择你想要穿的鞋子，而我不可以？"孩子的话让这位女演员特别震惊。她心想：是啊，为什么孩子不能选择他自己喜欢的鞋子呢，难道就因为这双鞋子很贵，所以必须要穿？经过反思，她放弃了让孩子穿这双鞋的执念，而且在之后的生活中，凡事都让孩子自己来决定。

在提到"强势"的时候，很多家长觉得跟自己不沾边——自己很温和，可以跟孩子好好沟通的。但在遇到给孩子买衣物、选择兴趣班，甚至是给孩子准备食物的时候，却往往不考虑孩子的喜好，将自己的意愿强加到孩子身上，觉得有益身心健康，为孩子好即可。甚至当孩子大声说出内心的想法之后，家长仍不以为然。这其实就是强势，生活中比比皆是。

孩子不喜欢吃苹果，我们可以换成香梨或草莓，想让孩子增加阳刚之气也并非只能通过练跆拳道，还可以打篮球。同一个问题往往有很多种答案，家长不可以强势地依照自己的想法和喜好去替孩子做主。

4. 让孩子坚持自己的想法

很多孩子在两三岁以后，性格会发生一些变化，由以前的任何事情都听家长的安排，变为说一不二、爱反抗的"小魔王"。此时，孩子已经进入了人生的"第一个叛逆期"，这让很多家长都觉得头疼。

事实上，当第一个叛逆期出现后，随之还会出现第二个、第三个叛逆期，在对自我的认知和自我权利的探索中，孩子慢慢地成长为一个独立的人。所以说孩子有自己的主张和想法并非坏事。有研究表明，自我意识越强的孩子，成为有主见、独立有思想的人的几率更高。

很多父母都一边希望自己的孩子不要人云亦云，一边阻碍着孩子成长为具有独立人格的人。孩子吃饭的时候非要用绿色的勺子，穿衣服非要穿绿色的衣服，上桌非要吃面条等，这都是孩子宣示主权的信号，家长们应及时接收，尊重他们的想法。

第一，允许孩子做自己，引导他们表达想法。

小可是一个3岁的小男孩，特别喜欢玩具刀。有一次，哥哥给他用小颗粒积木拼了一个玩具刀，可把小可乐坏了。从那以后，小可一天24小时抱着哥哥给他的玩具刀，睡觉也要拿着睡。但是这让妈妈很头疼，小颗粒拼的玩具刀，放在床上时会散掉，早上起来后小可闹情绪，非要还原那把刀。妈妈没有办法，摸了一下小可的头说："小可乖，你告诉妈妈，为什么要拿着这把'刀'睡觉啊？"小可哭着说："因为这是哥哥给我拼的，我怕被别人拿走！"妈妈灵机一动，顺着小可的话说："既然你很珍惜这把'刀'，不如我们把它藏在你的宝物箱里吧！"原来，小可有个宝物箱，里面装着他最喜欢的东西。小可一听急忙点头，并把玩具刀藏进了宝物箱。

小可对哥哥给他拼的玩具刀十分珍惜，这是非常难能可贵的。作为家长，不要一味地让孩子按照自己的意愿行事，一定要站在孩子的角度去理解他们的真实想法，并引导他们表达出来，只要不是有悖原则的问题，就让孩子按照自己想做的去做吧。当然，除了引导小可把'刀'藏进宝物箱，妈妈还可以采取另外一个方式，等孩子睡着以后，将其放在床头安全的位置，就能有效避免孩子早上起来因为找不到心爱的玩具而闹脾气。

第二，抛出问题，让孩子自己去选择。

费小尾是一个备受小区大人称赞的孩子，3岁不到的她活

脱脱一个小大人，经常有人向小尾妈妈取经。她妈妈分享的经验就是：在家里，我们充分尊重小尾的意见，周末出游的时候，问她是想去动物园还是植物园，而不是我们直接做决定；买衣服也问她是喜欢黄色还是红色；外出就餐时，也会询问她想要吃些什么，每次都会允许她来点一个菜。总之，只要是有小尾参加的事情，我们都让她参与决策。久而久之，孩子不仅能很好地处理自己的事情，有时还能给我们提供帮助。

很多父母在生活中经常有意无意地用自己的决定代替孩子的想法，殊不知，这样一次又一次剥夺了孩子自主决定的权利，从而影响孩子的判断力。在他们幼小的心中，可能会觉得，之所以父母不愿意听从自己的意见，可能是自己的想法是错误的。这种自我否定导致的最直接后果，就是孩子由于缺乏自信，变得越来越没主见。

所以，让孩子坚持自己的想法不是随意说说，而是要有意识地培养他们自己作决定的能力。抛出问题，问孩子怎么做，只要不犯原则性错误，不对自己或他人造成威胁，就允许孩子自己决定。这样，孩子的决策能力才能得到极大的提高，也为以后自主解决问题奠定坚实的基础。

5.分房睡，给孩子独立的空间

宝宝出生后，多半是跟父母共处一室，这样既能保证孩子的安全，也方便大人对其进行照顾。当孩子慢慢长大，有了性别意识，并对自我空间有需求的时候，家长一定要及时给孩子支持，为他布置一个安全又温馨的小空间，跟孩子分房而居。

对于何时分房睡才最合适这个问题，其实是没有标准答案的。不要固化在三四岁或五六岁，也不要纠结为什么别人家孩子都能自己单独入睡，而自己的孩子还要妈妈哄睡。因为每个孩子的成长经历是不同的，这也会影响他们的心理成熟程度。当孩子提出想自己单独睡，或经过协商，在不勉强孩子的情况下同意分房睡，那不妨开始试试。但这个过程不可以简单粗暴，如果孩子以害怕为由拒绝分房睡，家长要找到孩子害怕的原因，具体问题具体分析，先帮孩子去除"心魔"。

第一，给孩子营造一个他喜欢的环境。

小白已经 5 岁了，每次爸爸妈妈提出让他去自己房间睡觉的要求，他都拒绝，爸爸妈妈也没有办法。后来一次偶然的机会，爸爸妈妈带着小白逛家具城，小白对里面的复式床很感兴趣。正巧，爸爸妈妈也想改造一下小白的房间，于是就同他商

量："如果爸爸妈妈给小白换一张这样的复式床，小白就自己睡，好不好？"小白二话没说，开心地答应了。复式床安装好后，小白经常去上面躺一躺，不久后，就正式搬去自己睡了。

孩子的世界是相对简单的，他们会有自己的审美和判断。这个时候，父母可以和孩子一起共同营造一个他喜欢的环境，尽可能地满足他们的需求，并告诉孩子，这个房间以后就是他自己的秘密基地，这样，孩子就会有归属感，也更愿意在自己的房间独立睡觉。

第二，睡前沟通，帮助孩子克服恐惧感。

等等是一个乖巧懂事的孩子，到了分房睡的年纪也听从父母的安排。但分房第一天，等等就从自己房间跑出来，钻到妈妈的被子里了，妈妈很是奇怪。等等怯怯地说道："妈妈，我刚刚听到了一个很奇怪的声音，好害怕啊，我不敢自己睡了。"

妈妈摸了摸等等的头，对等等说："不要害怕，妈妈小时候也这样，但你要知道，妈妈就在你隔壁，可以听到你的声音，可以保护你，所以你完全可以安心入睡。"在接下来的几个夜晚，等等妈妈总是会在他睡觉之前跟他讲一讲自己小时候如何克服恐惧的事情。慢慢地，等等便不再害怕了。

对于孩子来说，独立睡觉的前期准备工作必不可少。刚刚开始的几天，家长不妨在孩子的房间多待一会儿，给孩子讲一些轻松愉悦的故事，或者让孩子听听舒缓的音乐，消除他的恐惧心理。等到孩子睡着后，再轻轻离开，这样能让孩子有一个适应过程，从而慢慢适应单独睡觉。

单独睡是走向独立的必经过程，对于孩子而言，利远远大于弊。他们不仅获得了更好的睡眠环境和睡眠质量，也能在相对独立的空间中，自由自在地发会呆，跟自己的小手玩一会儿游戏，而不必被大人的"赶紧睡觉"打扰。

6. 未雨绸缪胜过事事紧叮

每一个孩子都是家庭的重点保护对象，尤其是四个老人一个孙子的家庭，孩子就是掌上明珠，含在嘴里怕化了，捧在手里怕摔了，时刻被保护着。但正是这种无时无刻的保护，让孩子丧失了危机意识。

然而，在孩子的成长道路上，安全教育才是他们的"保护伞"，尤其是家人不在身边，孩子慢慢长大的时候，安全意识是他们健康成长的法宝。

作为家长，比起时时刻刻跟在孩子身后，事事紧盯，教育和引导孩子养成良好的安全习惯才是重中之重，才能让孩子有效避免安全隐患。

第一，让孩子懂得潜在危险。

烁烁 3 岁，非常活泼好动。一次出于好奇，他把一个小的橡皮擦塞进了自己的鼻孔，这可把妈妈吓坏了，赶紧带他去医院让医生想办法。好在处理及时，医生用手术夹把橡皮擦取了出来，但这导致烁烁鼻腔黏膜破损，流了好多血。医生对烁烁说道："幸好你妈妈及时带你过来，要不然就得动手术了。"

从那以后，烁烁再也不敢把异物放进鼻子了，而且还当起了儿童安全讲解员，逢小朋友便说："千万不要把橡皮擦放进鼻孔，那是很危险的。"

除去潜在的天灾人祸，生活中的各种安全隐患都与孩子息息相关。为了避免孩子受到不必要的伤害，家长一定要提前告诉孩子可能存在的安全隐患，如不能将小东西放到自己的嘴巴、鼻孔等器官里面，不要将绳子绕在脖子上，远离易燃易爆及尖锐物品，尽量避免受伤。孩子的认知毕竟有限，家长一定要提前预警，让孩子远离伤害。因为即便家长时刻看着孩子，也有走神的时候，所以让孩子掌握安全常识才是避免伤害的最佳方法。

第二，教育孩子要擦亮双眼，警惕网络诈骗。

曾经有这样一则新闻，讲述的是一个年仅10岁的少年在玩手机的时候，突然刷到了一条"免费领取游戏皮肤"的信息，于是按照对方的要求加了微信，结果在对方的诱导下，被骗走了三千多块钱。

网络信息时代潜在的危险往往防不胜防，孩子本身还处于一个不明是非的阶段，作为家长，一定要教孩子一些基础的防骗技能，如不给陌生人开门，不吃陌生人的东西，不随便跟陌生人聊天，不跟陌生人回家，等等。教孩子学会明辨是非，才能让孩子有效避免上当受骗。当然，为了让孩子加深印象，家长还可模拟真实场景进行演练，让孩子牢记于心。

在让孩子拥有电子科技带来的刺激和喜悦的同时，也要提醒他们注意防骗，警惕危险。家长永远是孩子坚实的后盾，他们有疑问可以先问问爸爸妈妈。

7. 压岁钱自己管

每到过年，孩子都会从长辈那里得到很多压岁钱。"不当家不知柴米油盐贵"，生活中孩子没有任何与金钱相关的担心，自然也不会关心哪些地方是要用钱的，哪些地方是要节约用钱的。

作为家长，与其纠结"压岁钱归谁管"的问题，倒不如从压岁钱开始，教孩子对金钱有正确的认识和把握，教育和引导他们合理消费、存储，让孩子有一个正确的"金钱观"，让压岁钱发挥积极作用。具体该如何做呢？

第一，上小学前，让孩子参与压岁钱的分配。

对于一些年龄太小的孩子，家长一定要告诉他们压岁钱的来历。因为，很多孩子只知道收到了压岁钱，并不知道原因，甚至会认为这是自己"挣来的"，是长辈们应该给的。

这个时候，家长应该告诉孩子，压岁钱是长辈们对孩子的爱和心意的表达，是对他们新一年的祝福。这样不仅能让孩子懂得压岁钱的文化内涵和社会性的交往礼仪，也让孩子明白，这不是长辈必须要给予的。

对于收到的压岁钱，可以跟孩子一起商量它的使用方法。如，告诉孩子未来几个月需要添置的新衣新鞋，或考虑购买孩子心仪的玩具，甚至缴纳幼儿园的园费等，把凡是要花钱的项目告诉孩子，让他参与分配。这样一来，既让孩子有了正确的消费观念，也让他们了解到"原来自己需要花这么多钱呀"，从而逐渐养成节约的习惯。

第二，上学后，让孩子自己学会分配和管理压岁钱。

大年初一的晚上，8岁的紫萱跟妈妈一起清点自己的压岁钱，数了数，发现正好有八千块。妈妈琢磨着给孩子报一个英语培训班，紫萱听了以后大叫起来："这是我的压岁钱，你怎么能自作主张呢？"妈妈听了也有点恼火，大声说："你收到

的不都是我付出的吗？"但是，小小的紫萱对妈妈所说的道理并不是很懂，她还是单纯地认为，妈妈侵占了她的"个人资产"。为此，还和妈妈冷战了一个星期。

对于孩子收到的压岁钱，家长一定不要自作主张地进行安排。这个时候，你可以给孩子一些建议，比如把钱分为四份：一份存起来，一份用于日常的学习，一份用于旅游，一份用于日常的生活消费。通过提建议的方式，能让孩子感觉到被尊重，也能无形中帮孩子学会健康的消费观。

或者，家长可以和孩子讨论如何使用这笔钱，你可以带着孩子去银行，以孩子的名字单独设立一个银行账户，帮助孩子树立理财意识，形成良好的财富积累习惯，这将对孩子以后的成长非常有益。